Qiushi Junior Academy of
Innovation and Science

Practical Research on
"Cross-circle" Project-based
Education

求是少年创新科学院

"跨圈式"项目化育人的实践研究

江　萍◎主编

ZHEJIANG UNIVERSITY PRESS
浙江大学出版社
·杭州·

图书在版编目(CIP)数据

求是少年创新科学院："跨圈式"项目化育人的实践研究 / 江萍主编. —杭州：浙江大学出版社，2022.11
ISBN 978-7-308-23109-1

Ⅰ. ①求… Ⅱ. ①江… Ⅲ. ①小学教育—教育研究
Ⅳ. ①G622.0

中国版本图书馆CIP数据核字（2022）第179209号

求是少年创新科学院
——"跨圈式"项目化育人的实践研究

江萍　主编

责任编辑	肖　冰
责任校对	胡宏娇
封面设计	雷建军
出版发行	浙江大学出版社
	（杭州市天目山路148号　邮政编码310007）
	（网址：http://www.zjupress.com）
排　　版	杭州兴邦电子印务有限公司
印　　刷	杭州杭新印务有限公司
开　　本	710mm×1000mm　1/16
印　　张	15.5
插　　页	2
字　　数	147千
版 印 次	2022年11月第1版　2022年11月第1次印刷
书　　号	ISBN 978-7-308-23109-1
定　　价	50.00元

浙江大学出版社市场运营中心电话（0571）88925591；http://zjdxcbs.tmall.com

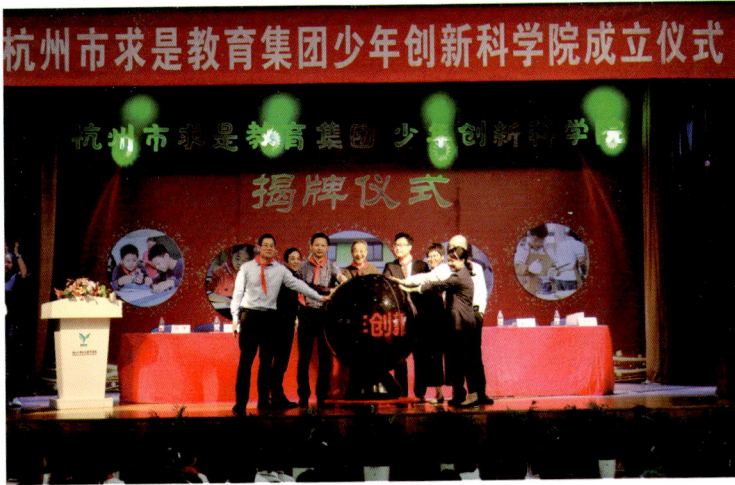

求是少年创新
科学院揭牌

《校长来了》专访节
目走进求是少年创
新科学院

求是少年创新科学院大厅

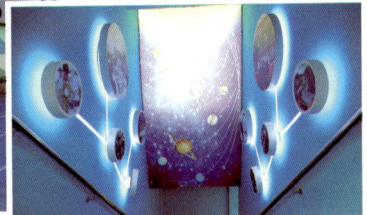

求是少年创新科学院大门

求是少年创新科学院星空长廊

求是少年创新科学院
木工坊设备

求是少年创新科学院木工坊教室

孩子们在木工坊进行创作

求是少年创新科学院智慧厨房教室

求是少年创新科学院自然探旅教室

求是少年创新科学院趣玩实验室

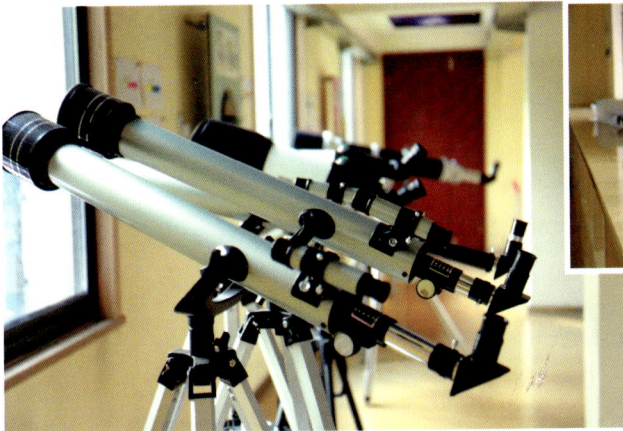

求是少年创新科学院
未来教室设备

求是少年创新科学院未来教室

求是少年创新科学院
个展中的学生作品

求是少年创新科学院第一届科技个展

学生在求是少年创新科学院之江分院成立时接受采访

序

　　求是少年创新科学院（以下简称"求是少科院"或"少科院"）于2017年建成，2019年正式揭牌，由北京师范大学资深教授、博士生导师、中国教育学会名誉会长顾明远先生题词。求是少科院是杭州市求是教育集团为鼓励少年儿童爱科学、学科学、用科学，培育勤于思考、善于实践、敢于创新的求是阳光学子而创设的创新实践平台。求是少科院下设科学探究部、技术研发部、工程项目部、艺术体验部、数学实验部等5大部门，开设了智慧厨房、小工程师作坊、星空探旅等20多门学生喜爱的课程。求是少科院聘请了中国科学院院士、浙江大学教授唐孝威担任名誉院长，中国工程院院士、浙江大学教授龚晓南担任名誉顾问，由集团总校长担任少科院执行院长。为进一步提升学生的自主管理能力，少科院每年面向全校招募小院长和小部长，组成少科院学生管理团队，让学生在自主参与中收获成长。

　　2019年1月，围绕少科院开展的课题"有自信·爱探究·乐健体·善交流——基于求是少科院培育阳光学子核心素养的实践研究"成功立项为2019年浙江省教育科学规划重点课题。课题的立项为少科院的发展注入了新的动力，课题组围绕主题开展了系列研究。求是少科院从建成到投入使用再到课题立项、进入研究阶段得到了浙江大学的大力支持。2020年12月，求是少科院校外导师团正式成立。导师团由求是少科院名誉院长唐孝威院士领衔，聘请了涵盖光电科学、航空航天、能源科学技术、化学、数学、社会科学等多个领域的知名学者教授，导师团的成立为少科院建设提供了强有力的智力支撑。2020年12月少科院在求是（之江）二小成立了少科院之江分院，进一步发挥求是少科院的辐射引领作用，中央电视台新闻频道《新闻直播间》栏目和中央电视台少儿频道等进行了专题报道。

　　在少科院，我们践行求是创新的发展理念，让孩子们在少科院丰富多彩的活动中敢于创新、大胆实践；我们不断激发孩子们的想象力、创造力，在孩子们心中种下爱科学的种子。

　　在少科院，我们秉承实事求是的科学态度，让孩子们在活动中学会求真知、探真理、做真人，帮助孩子们养成科学的研究态度。

在少科院，我们体现跨界融合的思维方式，让孩子们学会用多角度看待问题、提出解决方案，让贯通成为孩子们的一种习惯。我们通过融合各学科知识、重组各学科资源、走出校园与高校合作，最终实现跨圈式综合育人模式创新，让学生获得更为适合的发展。

我们力求，求是少科院的建设让学习资源从校内到校外，实现逻辑连贯；让课程建设从割裂到融合，凸显整体意蕴；让学习体验从静态到动态，体现创新视野。求是少科院以院士专家助力少科院的尖端人才培养，用浙大智力支持实现少科院高端平台建设，通过跨界项目学习实现少科院终端素养目标。在课题组成员的共同努力下，经过3年多的实践，课题取得了阶段性成果，研究报告《基于"求是·创新"少科院建设的跨圈式项目育人模式实践研究》荣获2020年度浙江省教育科学研究优秀成果一等奖。在少科院的建设、研究取得阶段性成果之时，课题组成员共同整理编辑出版了《求是少年创新科学院——"跨圈式"项目化育人的实践研究》一书，用以回顾梳理研究历程，为下一阶段再出发定向蓄力。

回望过去的1000多个日子里，本课题的研究得到了许多专家学者的精心指导与关心帮助，在此要特别感谢浙江省教育科学规划领导小组办公室主任、浙江省教育科学研究院沈佳乐博士，杭州市教育科学研究所俞晓东院长，杭州市西湖区教师发展研究院王斌主任。感谢求是少科院导师团专家沈黎勇、薄拯、匡翠方、侯阳、吴昌聚、鲁汪涛、陈栋、张彦等导师共同参与编著本书，并为课题的顺利推进给予指导与帮助。感谢集团尹伟、吴延丽、宁珠红、王岚、陈诗怡、任晓飞、梁孝科、夏翾翾、曹靓、胡晨、许春益等老师积极参与课题研究与本书的撰写工作。

把学校办成少年儿童健康成长的乐园，让学生在求是少科院中快乐学习、收获成长，我们的研究将一直持续……

编者
2022年11月

目 录
Contents

第一章

基于求是少年创新科学院平台的 跨学科项目式学习的价值追求

　　加快建设世界重要人才中心和创新高地是我国在人才和科技领域的重大需求。从2017年开始，求是教育集团精心策划并创建了求是少年创新科学院，充分融合科学、数学、工程、信息、艺术等学习内容，依托多元课程平台建设了5个实体化运行的学生创新实践研究部，即科学探究部、技术研发部、工程项目部、艺术体验部、数学实验部。经过5年多的持续建设，求是少科院已经真正成为塑造优良人格、培养探究能力、促进第一课堂学习的综合性平台。

　　作为求是学生家长和少科院导师团成员，我很荣幸地在少科院早期策划阶段就受邀参与建设工作，期间多次参加了由校长亲自组织的研讨和交流，协助组建了少科院的校外导师队伍，由衷感受到这是求是教育集团开展的一项紧密围绕国家创新型人才培养需求，做在实处的先进举措。

　　求是少科院所体现的首要作用是对学生优良人格的塑造。人格，在某种程度上是个体在社会群体中表现出的思维、情感和行为模式。小学是人格培养的关键时期，我们都期待孩子们能通过小学阶段的基础教育，形成优良的性格和品质。求是少科院所开展的一系列高水准的创新实践活动，培养了孩子们实事求是的品格，拓展其兴趣爱好，助其形成了乐观向上、积极进取的性格。求是少科院所组织的高水平的校外导师团授课交流活动，在潜移默化中提升了孩子们的家国情怀和国际视野，让孩子们感受到科技报国的光荣，体会到科技创新的乐趣，学习了科研创新背后的坚持与努力，增强了面对挑战、克服困难的勇气。这些活动对孩子们的优良人格塑造大有裨益，相信在今后的人生道路中，他们都会不同程度地感受到儿时这段少科院美好经历的帮助。

求是少科院的第二个重要作用是有效培养了学生的创新思维。创新思维既包含敢为人先的勇气，也包含打破思维定式的习惯，这是开展创新科研的首要因素。在学校的精心组织和盛情邀请下，求是少科院导师团由参与"两弹一星"研究的中国科学院院士唐孝威教授领衔，吸纳了多位长期在国内外从事高水平科研工作的中青年知名学者和科研教学管理专家，专业范围涵盖了医学、光电科学、航空航天、能源科学技术、化学、数学、社会科学等多个领域。在少科院，云计算、物联网、人工智能、虚拟现实、大数据、智慧能源等一个个科技热词和专业术语转化为具象化的认知，让孩子们充分领略了国际科技前沿。求是少科院还通过项目式的创新实践，培养孩子们发现问题的能力、基于创新思维解决问题的能力，以及动手能力。这有利于孩子们在今后的工作和生活中能以新的视角、通过新的思考方法去解决问题。

求是少科院的第三个重要作用是有效地反哺了第一课堂。求是少科院所开展的一系列工作严格来说属于第二课堂范畴，良好的第二课堂在形式上活泼生动，内容上偏重对能力素质的培养，同时对第一课堂的学习内容也有很好的促进作用。孩子们在少科院所开展的创新实践活动，可以很好地促进他们尊重知识、提升对第一课堂学习的认同度；可以支撑他们在发现现有的知识储备不足时，去开展创新实践，很迫切地去学习新的知识；可以激发他们的求知欲，提升他们的学习热情和主观主动性。

创办少科院是求是教育集团近年来基于先进教育理念的重要创新举措，它可以有效激发学生的求知欲和探索欲，培养学生的创新思维和创新能力，塑造学生的优良人格。在与第一课堂有机结合后，让孩子们做到"积极探索未知，主动构建新知"。求是少科院的创办和建设发展，对培养"有自信·爱探究·乐健体·善交流"的求是阳光学子有重要的意义。

——求是少年创新科学院导师　薄拯

薄拯

教授，浙江大学工程师学院党委书记、常务副院长，能源清洁利用国家重点实验室副主任。

研究缘起

科技是国家强盛之基，创新是民族进步之魂。当前，科技创新和应用已成为提升国家竞争力的重要因素，诸多国际事件无一不提醒教育者要关注学生的创新能力发展，提升学生的创新实践素养，培育新时代需要的人才。习近平总书记指出："一切科技创新活动都是人做出来的。我国要建设世界科技强国，关键是要建设一支规模宏大、结构合理、素质优良的创新人才队伍，激发各类人才创新活力和潜力。"[1]

新时代需要的人才要具备丰富的知识和实践技能，云计算、物联网、人工智能（AI）、个人机器人（PR）、大数据（Big Data）等新技术和新名词已经走进了我们的生活，让学生形成适应未来的能力，已成为当下教育的中心主题。创新人才的培养，更需要从少年儿童开始。培养孩子的探究能力，帮助孩子塑造爱探究、会探究的品质是培养创新人才的基础。基于求是少年创新科学院平台，培养"有自信·爱探究·乐健体·善交流"的求是阳光学子，是求是教育集团在未来人才培养中的又一次探索。

一、学生探究能力的培养是为未来奠基

探究能力是探索、研究自然规律和社会问题的一种综合能力，是科学

---

[1] 习近平：《为建设世界科技强国而奋斗：在全国科技创新大会、两院院士大会、中国科协第九次全国代表大会上的讲话》，人民出版社 2016 年版，第 6 页。

素养的重要组成部分，是学生科学学习和解决问题的关键能力。探究能力的培养指向、培养途径、培养载体势必影响学校未来的发展格局；探究能力的发展程度也影响着学生的学习内容、学习方式和学习的自主性，以及学生自主开展探究性学习的能力；探究能力也体现出学生对于学习本身的认识和观念，以及在此基础上改变自己的学习行为并进行自我深度学习的能力。

（一）学生探究能力培养与未来学校发展

在信息呈指数级增长的时代，知识的学习是永无止境的。因此，学校教育不能再停留在注重教知识的阶段，更重要的是帮助孩子学会学习，学习探究周围事物的方法，形成客观的、正确的、基于事物发展规律的认识和观念。学校教育必须从知识导向型教育向能力导向型教育转变。因此，基于儿童探究能力的培养，也影响着学校未来的办学方向，影响学校办学理念的更新和载体的创新。

（二）学生探究能力培养与探究性学习

探究性学习是学生主动建构概念、发展能力的学习方式之一。探究性学习基于学生学会发现并提出问题，基于孩子和同伴建立互助的合作关系，基于创造一些合作的情境以促进探究活动的开展。同时，开展探究学习需要学校提供开放的教育教学资源，为国家基础性课程提供必要的补充。探究性学习的开展能有效培养儿童发现问题和提出问题的能力、设计解决问题路径的能力、收集和整理信息的能力、合作研讨的能力。同样，探究能力的培养更有助于学生开展探究性学习。学习活动的开展和探究能力的培养，都需要学校提供必要的资源和环境条件。

（三）学生探究能力培养与深度学习

深度学习的概念源于人工神经网络的研究，深度学习通过组合低层特征形成更加抽象的高层表示属性类别或特征，以发现数据的分布式特征表示。学生的深度学习指针对某一领域或某一主题进行深入、持续地探究，是基于原有认知水平的概念覆盖和能力建构。深度学习很好地把握了"一厘米宽，一千米深"的学习内容和学习深度，不追求学习量的多少，更看重纵向深入地探索。深度学习需要学生有较强的探究能力支撑，在对某一领域或主题的学习进程中，能不断更新自我认识，面对不同的问题，能应用不同的学习策略。探究能力的培养能促进儿童深度学习的开展。

二、现阶段小学生探究能力培养存在的问题

科学探究活动是培养学生探究能力的主要途径。但是目前小学探究活动的开展和学生探究能力的培养仍存在问题。当前教育缺乏学科一体化，学科间存在割裂，而不可忽视的是，许多问题都是跨学科的，若一味因循守旧，相当于将知识置于纸面，学生的学习也将失去真正的意义。

（一）学习方式存在停留在低阶水平的现象

既能正向思考又能逆向思维的综合型人才，只能在多学科融合的教育中获得。要全面提升学生素养，学习方式和教学方式的变革是中心环节，设计型学习是一种有效手段。

现有的学习方式仍有停留在低阶能力、低阶学习和低阶思维的层面上的现象，未能有效地促进学生自我管理、解决问题、批判性思维、团队协作等高阶思维能力的发展，其原因如下：

1. 缺乏自主意识，牵引过多

学生学习目的不明确，错误地将学习与成绩画上等号，在分数中迷失学习的方向，安于"背诵记忆"的低阶学习状态，以各项练习与试卷的解答、抄写与反复背诵替代了创造性的思考，缺乏自主学习的意识。

2. 缺少对应项目，创编较少

学校在基础课程中渗透跨学科教育理念的教育改革才刚刚起步，仅在信息、科学、劳技、数学课程中有一定介入，"大综合"特色课程还在逐步发展中，这就造成了对应学习项目短缺、创编更是缺乏的现象。当前还需要有更多的对应项目创编，开展与基础课程深度有效融合。因此，有必要重构常态课程，并实现项目创编，变革教学方式，以培养设计思维的设计型学习为手段，有效推动创造力培养进程。

3. 缺失多元实践，运用较少

审视当前学校课程，多数学科边界明显，学生很少有跨学科运用知识开展实践的体验。知识的多元实践运用正是当前所缺失的重要一环，这造成了认知滞缓、批判思维和问题解决能力等高阶思维缺失、创造精神和创新能力无法得到有效培养等问题。

（二）课程实施存在停留在表面层次的现象

课程是教育的载体，在浙江省教育厅《关于深化义务教育课程改革的指导意见》（以下简称《指导意见》）的指引下，杭州市求是教育集团积极完善了"基础性课程"和"拓展性课程"两大类课程体系的建设。尤其是在"拓展性课程"的建设上，学校积极探索课程开发、实施、评价和共享机制，努力满足学生个性化学习需求，在课程数量、特色课程形成以及教师专业发展方面均有所发展。但"拓展性课程"终究处于起步阶段，还有许多亟待完善之处。

1. 虽有方向，但目标缺乏清晰性

根据《指导意见》，拓展性课程的目标是针对学生个性化学习需求，开发和培养学生个性潜能和特长的课程。但是文件缺乏具体清晰的操作指导，加上教师在课程认识、课程意识和能力等维度上存在差异，在课程目标的设计中往往存在碎片化、同质化、随意性等问题。

2. 虽有主题，但内容缺乏系统性

目前学校拓展性课程不缺"内容"，缺的是如何"有机整合"；课程内容上存在着重复性、断层性，缺乏结构性、渐进性和系统性等问题，导致课程体系的不科学、不完备。

3. 虽有开展，但实施缺乏有效性

作为课程的实施者，一些教师的观念跟不上，仍停留在"以知识目标为导向"的教学中。如何转变教师观念、强化教师课程执行策略意识，从而将课堂真正转向"以能力目标为导向"，培养学生解决实际问题的能力，形成学科素养，也是现阶段一个比较突出的难题。

4. 虽有鼓励，但评价缺乏针对性

拓展性课程的评价也存在比较笼统，方法单一，重知识、轻能力，不能真实反映学生的天赋与能力等问题。对于拓展性课程的评价多以现场展示、成果展示、视频展示等鼓励为主，没有明确的评价目标和评价内容，更缺乏针对学生探究能力培养和发展的目的设计、评价内容和评价方法。评价缺少针对性，不利于学生探究能力的发展和健全人格的形成。

三、求是少年创新科学院是培养儿童探究能力的综合性平台

2017年，求是教育集团建成并启用了求是少年创新科学院大楼，融合科学、数学、工程、信息、艺术等学习内容，建成科技体验厅、小工程师作坊、智慧厨房、未来教室、趣味编程室、创客空间、机器人室、数学实验室、艺术体验室等多个实践空间，让少科院成为培养学生探究能力的综合性平台。

（一）利用少科院搭建多元课程平台，实现育人课程大整合

基于少科院，学校建立了符合学生发展的课程结构及体系。这种课程

结构及体系能在更大意义上、更宽泛的领域里，让学生获得更为合适的发展，而非实施标准化、统一化的教育。求是少科院平台的建设为培养学生爱探究这一核心素养，从科技、人文、信息等多维度搭建了多元的大课程平台。

求是少科院拓展课程基于学校传统校本特色，充分利用浙江大学资源，系统架构儿童科研体系，在尊重儿童个性发展的基础上，突出创设符合儿童兴趣爱好、适合儿童操作的课程，并针对不同学生进行分层、选班，非常符合基础教育第二轮课程改革的精神，即赋予学生课程的选择权、赋予教师课程的开发权、赋予学校课程的设置权。通过对该课程的开发、实施、评价机制的研究，以点带面地推动学校拓展性课程的整体发展，对完善学校拓展性课程建设有深远的意义。

（二）利用少科院提供创新实践空间，打造综合性育人平台

学校是否给学生提供更多的学习空间，将在很大程度上影响学生的探究欲、求知欲和创新实践能力。学生在日常生活中会产生很多疑问，或有很多想法要实现，但却往往没有相应的平台引领孩子往前走。求是少科院就是一个引领学生探究的平台，为学生开辟创新实践的空间，给他们提供更多发展思维、动手实践的机会，是学生施展创新才华的舞台。

求是少科院中既有体现基础科学原理的开放性科技体验厅，也有供专项研究的小工程师作坊、未来教室、机器人室、趣味编程室、创客空间、数学实验室、艺术体验室等多个实践空间。求是教师基于少科院平台开发、研究课程，持续的行动研究有助于促进教师专业化的发展。学生在少科院自主选课、走班上课，开展多元体验，这让少科院成为一个综合性的育人平台。

（三）利用少科院开展跨学科项目学习，引导深度学习方式

求是少科院中的小工程师作坊、未来教室、机器人室、趣味编程室、创客空间、数学实验室、艺术体验室等多个实践空间，涉及工程、设计、科学、艺术、数学等多个学科的课程内容，这为学生开展跨学科的项目式学习搭建了很好的基础平台。教师基于少科院的实践空间，开发跨学科的学习项目，为学生提供跨学科学习的内容。学生基于少科院的硬件平台和跨学科学习项目开展深入探究，在真实的项目情境中产生问题，再借助少科院的多学科平台解决问题，在问题的解决中，不断深入学习，发展探究能力。

（四）利用少科院拓宽探究与创新视野，培育求是阳光学子

培养既具民族情怀又有国际视野的"有自信·爱探究·乐健体·善交流"的求是阳光学子是求是教育集团的育人目标，其中"爱探究"是学校阳光学子的核心素养之一。求是少科院拓展课程目标直指培养"实践创新"核心素养，让学生在动手实践中形成科学精神、合作意识、批判质疑能力、解决问题能力，从而成为"全面发展的人"。

阳光学子"爱探究"这一核心素养的培养，目的是让学生具备未来国际社会创新人才的素质，因此除了目前学校课程内容，还应帮助学生开阔未来科技创新的视野。求是少科院平台不仅为学生提供丰富的课程体验和实践，同时将随着现代科技、环境的发展，引入和更新体验科技前沿的器材和模型，帮助学生动态地认识科技的新发展，不断开阔视野。

第二节 理论解读

一、研究理论

基于少科院平台的跨学科项目式学习进行了充分的理论调研，为基于少科院平台的跨学科项目式学习的开展奠定了理论基础，进一步明晰了实践方向。

（一）STEAM教育

STEAM教育是20世纪80年代初美国提出的一项国家教育战略，融合科学、技术、工程、艺术、数学等学科，将这些分散的学科重新整合为一个新的知识整体。它强调知识跨界、场景多元、问题生成、批判建构、创新驱动，既体现出课程综合化、实践化、活动化的诸多特征，又反映了课程回归生活、回归社会、回归自然的本质诉求。

有别于传统的单学科、重书本知识的教育方式，STEAM是一种重实践的超学科教育理念。任何事情的成功都不是仅仅依靠某一种能力实现的，而是需要综合多种能力，比如在高科技电子产品的制造过程中，不但需要科学技术，运用高科技手段创新产品功能，还需要艺术等方面的综合能力才能设计出好看的外观，所以单一技能的运用已经无法支撑未来人才的发展，未来，我们需要的是多方面的综合型人才。

STEAM教育理念的核心观点是：所有学科都可以，也应该相互连接，学生需要了解各种知识和技能是如何在解决真实世界问题时相互连接和相互交叉的。STEAM教育理念提倡让学生参与到跨学科的学习环境之中，从而打破传统的学科界限。跨学科、指向真实问题的解决、项目式学习是STEAM教育理念的关键特征。

基于少科院平台的跨学科项目式学习充分应用STEAM教育理念，注重各学科的相互连接和融合，应用各种知识技能解决真实情境中的真实问题。

（二）设计型学习

设计型学习也称为"基于设计的学习"（Design-Based Learning，DBL），由美国教育专家多林·尼尔森提出并应用于K-12互动课堂教学过程中。设计型学习关注在真实的任务情境中，让学生通过作品（模型）或方案设计，运用多种技能和多学科知识，解决真实问题，并且在实施过程中持续更新认知，进行创新优化。作为项目式学习的具体形式之一，设计型学习有利于提高学生解决实际问题的能力，培养学生的创新思维。

有学者认为，设计型学习是个体以及共同体为改进现实、发展自身知识与能力，围绕真实、劣构问题中人工制品的功能、标准与结构所进行的迭代拓展性的反思探究活动。循环迭代是设计性学习的一个典型特征，强调学生运用跨学科知识和所擅长的技能开展学习，通过至少2次循环往复，不断改进设计、建构、合作来更好地解决问题。设计型学习具有双重目的，其表层目的在于创造更"适宜"的生活；此外，设计型学习还具有个体及共同体发展自身知识和能力的深层目的。

基于求是少科院平台的跨学科项目式学习，具有设计性、整合性、迭代性、反思性等特征，强调学生在具体的任务或挑战情境中主动探究的能力，是一种连接抽象知识与真实生活，整合过程与内容的新学习方式。学生运用跨学科知识和所擅长的技能开展学习，通过创造、设计、建构、合作来解决问题，体验认知概念的建构和高阶思维的训练，革新学习方式。学生的"批判—分析性思维""创造—综合性思维"和"实用—情境性思维"得以发展。教师通过角色多元化促进对学生的批判性思维能力、解决问题的能力、团队协作的能力和自我管理的能力等核心素养的培养。

（三）"从做中学"

"从做中学"是20世纪美国著名实用主义教育家约翰·杜威关于教学的核心原则。杜威把"从做中学"贯穿在教学领域的各个方面，诸如教学过程、课程、教学方法、教学组织形式等，都以"从做中学"的要求为基础。"从做中学"以杜威的经验论哲学观和本能论心理学为依据。在杜威看来，所谓"经验包含着行动或尝试和所承受的结果之间的联结"，"知"和"行"是紧密相连的，没有"行"就没有"知"，"知"从"行"来，只有从"做"中得来的知识，才是"真知识"。杜威还把"做"看作是人的生物本能活动。他指出人有4种基本的本能：制造、交际、表现和探索，这是与生俱来，无须经过学习，自然会的。这4种本能使人产生了4种兴趣，其中制造过程中产生的本能与兴趣最为突出。因此，他主张"教学应从学生的经验和活动出发，使学生在游戏和工作中，采用与儿童和青年在校外从事的活动相类似的形式"。学校科目相互联系的真正中心，不是科学、文学，不是历史、地理，而是学生本身的社会活动。学校要设置车间、实验室、农场等，让学生在活动中学习实际知识和技能。

"从做中学"也指"探究式科学教育"，是在教师和学生共同组成的学习环境中，让学生亲历科学探究的学习过程。探究既是科学学习的目的，又是科学学习的方式，在探究式科学教育中，需要把让学生建立新的科学概念（想法）、改善和纠正已有的科学概念，以及把探究能力、科学态度的培养结合起来考虑。教师将问题汇聚到一个适宜学生探究的、与科学概念相关的科学问题上，引导学生动手进行探究。

基于少科院平台的跨学科项目式学习充分利用少科院平台，为学生提供丰富的实践场所和操作机会，帮助学生在实践中建构知识，发展探究能力，形成初步的科学发展观。

二、概念解读

（一）求是少年创新科学院

求是少年创新科学院是以6～16岁少年儿童为服务对象，以少年儿童校外教育阵地为依托，以培养未来科技人才为主要目标，鼓励少年儿童爱科学、学科学、讲科学、用科学，培养少年儿童的观察能力、动手能力和创新能力，提高其科学素养，发挥其自主性的科学研究组织。学校是浙江大学的附属小学，因此，少科院以"求是"二字冠名，希望未来培养出来的孩子们能体现浙江大学"求是、创新"的校训。求是少科院由科学探究部、技术研发部、工程项目部、数学实验部、艺术体验部5个部门组成，聘请中科院院士，浙江大学教授、博士生导师唐孝威担任名誉院长，学生通过竞聘的方式担任小院长和各部门的小部长。求是少科院以培养阳光学子核心素养为目标，挖掘课程资源，系统架构儿童科研体系，开发对应课程，通过学科整合、主题活动、社团探究等形式实施课程，培养既有民族情怀又具国际情视野，"有自信·爱探究·乐健体·善交流"的阳光学子。

求是少科院拓展课程是在求是少年创新科学院建设的基础上，自行开

发的拓展性课程，综合科学、工程、技术、艺术、数学等学科知识，以学生兴趣为导向，以项目学习为主要方式，延伸了"从做中学"的理念，强调合作探究。

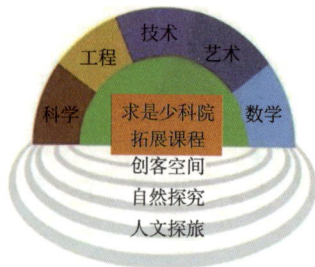

（二）跨学科项目式学习

项目式学习（Project-Based Learning）是一种以学生为中心的、动态的学习方法。项目式学习往往是提供一些关键素材，构建一个环境，学生组建团队通过在此环境里解决一个开放式问题的过程进行学习。项目式学习包括如何获取知识，如何计划项目以及控制项目的实施，如何加强小组沟通和合作，强调学生们在试图解决问题的过程中展现出来的技巧和能力。

跨学科项目式学习是基于STEAM教育理念，以少科院为课程平台，开发以学习项目为特色的课程内容。学生在项目推进中解决问题、建构概念，并把概念应用到进一步完善项目的过程中，形成实践→认知→实践的学习方式。

跨学科项目式学习

学习目标	通过融合科学、技术、工程、数学、艺术等多学科技能，解决基于少科院平台的真实项目的问题，发展探究能力，建构概念，并在项目的推进中灵活运用和融合已掌握的知识和技能
学习时长	一个单元
学习成果	以问题解决为过程，以完成项目作品和建构概念为结果，一般要求有物化成果或者项目解决方案呈现
学习特点	基于真实情境的学习，注重培养学生解决实际问题的能力。运用合作学习、跨学科思维和设计理念，利于提升学生发现问题的能力、设计能力、问题解决能力、自我建构和合作探究等能力

（三）求是少科院导师团

为了进一步深入推进少科院的硬软件建设和课程建设，学校充分发挥浙江大学附属小学的资源优势，充分借助浙江大学的智力支持，拓宽少科院的育人视野。求是少科院聘请中科院院士、浙江大学教授、博士生导师唐孝威担任名誉院长，聘请中国工程院院士龚晓南担任顾问。由来自浙江大学物理学、能源工程、社会学、航空宇航科学与技术、光电科学、医学、数学等学科的教授成立求是少科院导师团，定期来给学生上课，让学生了解不同领域、学科的前沿研究，开阔学生的视野。同时，让科学家与学生面对面交流，帮助学生从小树立从事科学研究的理想。

（四）设计思维

设计思维（Design Thinking）是一种以人为本的解决复杂问题的创新方法，它利用设计者的理解和方法，将技术可行性、商业策略与用户需求相匹配，从而转化为客户价值和市场机会。作为一种思维方式，它被普遍认为具有综合处理能力，能够理解问题产生的背景，催生洞察力及解决方法，并能够理性地分析和找出最合适的解决方案。设计思维的体验学习，是通过理解设计师处理问题的角度，了解设计师为解决问题所用的构思方法和过程，来让个人乃至整个组织更好地连接和激发创新的过程，从而达到更高的创新水平，以期在当今竞争激烈的全球经济环境中建立独特优势。

基于少科院平台的跨学科项目式学习，充分挖掘技术工程的项目内容，让学生学会方案设计、产品设计，最终能设计自己的学习过程。

（五）探究能力

探究能力作为人们探索、研究自然规律和社会问题的一种综合能力，

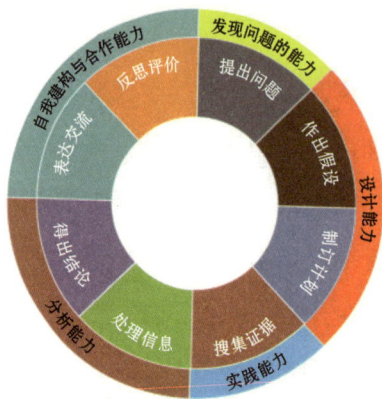

通常包括提出问题的能力、收集资料和信息的能力、建立假说的能力、进行社会调查的能力、进行科学观察和科学实验的能力、进行科学思维的能力等。

科学探究过程倡导学生提出问题、作出假设、制订计划、搜集证据、处理信息、得出结论、表达交流、反思评价。其中提出问题主要指向的是发现问题的能力，作出假设和制定计划主要指向的是设计能力，搜集证据主要指向实践能力，处理信息和得出结论主要指向分析能力，表达交流和反思评价主要指向自我建构与合作能力。发现问题的能力、设计能力、实践能力、分析能力和自我建构与合作能力，对于小学阶段的学生来说是其要构成及培养的主要探究能力。

三、理性认识

（一）合作共享——生为本、学为中心

学生既是科学实践的开发者，又是科学实践的参与者，唯有相互合作交流、互动研讨才能突破自身的不足，这也是现代科学实践必须践行的团队合作精神。因此，要打破传统讲授式教学中学生的被动接受式学习模式，以问题或项目为载体，创设情境，引导学生在实践活动中构建新知。

（二）知行合一——在实践探索的做中学

坚持从做中学、研中学，科学实践要始终依托真实的项目来开展，着眼于真实任务的实践探索，既要鼓励学生动脑、动手，也要鼓励其动口、

动笔，参与科学辩论，打破学科边界，培养跨科学思维，综合运用知识解决问题，实现学习方式的解放，提升学生实践能力。

（三）逆向原理——以终为始定设计

借鉴逆向设计原理，将其应用于项目学习的教学设计中，一方面促进"目标—活动—评价"的统一性；另一方面尝试以评价促实践，即先给出评价，让学生基于评价有计划、有目的地进行实践。

第三节 研究设计

一、研究的目标

（一）构建少科院跨学科项目体系

基于少年创新科学院，设计与开发科学探究、技术研发、工程项目、艺术体验、数学实验等一系列适合开展少年儿童创新教育的拓展课程群，形成少科院拓展课程体系，进一步完善学校拓展课程的建设。

（二）培育爱探究的求是阳光学子

通过课程实施努力培养一批爱探究的求是小创客，激发学生的创新意识，培养学生的创新能力，助推学校培养"有自信·爱探究·乐健体·善交流"求是阳光学子目标的实现。通过融合真实情境、常态化开展充满探索趣味的科学实践，增强学生的学习兴趣与动力；让学生爱上科学实践，并在高质量的科学实践中动口、动脑、动手、动笔，运用所学知识和能力，积极探索未知，主动构建新知，提升科学探究能力。

（三）提升教师的课程意识和课程执行力

教师作为课程实践最直接的参与者、研究者、开发者与实践者，需要在研究的过程中发挥其内在动力，改变教师的角色行为，拓宽其专业发展路径。项目式学习注重在整合其跨学科的知识应用中充分调动学生思维，以任务驱动主动地确认学习目标、利用学习资源、完成项目任务并解决问题。教师的教学方式和学生的学习方式发生了变化，由注重教师的"教"向促进学生的"学"转变。课程由知识导向型向能力导向型转变，课堂也随着由知识导向型课堂向能力导向型课堂迈进。学生在建构概念中发展能力，在能力培养中建构概念。通过学习方式的创新，极大地拓展学校的育人视野，提升课程的引导力。

（四）提升教师的教学设计能力和科研水平

融入STEAM理念，创新开展科学实践，形成成熟的科学实践开展路径，积累丰富的科学实践优秀案例，在提升学生科学实践能力的同时，也为教师提供丰富的案例、素材和教学方法，从而发展学校教师的实践教学能力和科研能力。为培养一支具有个性化、统筹能力强的教师队伍提供平台：让教师逐渐打破对原有课时界限的认定和偏见，促使教师更好地利用现有资源、合理开发资源、科学重组资源，建构起综合性的资源库。

二、研究的框架设计

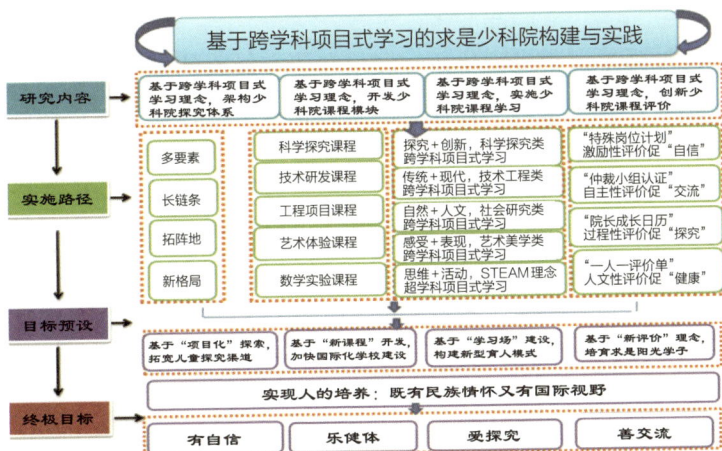

三、研究的创新之处

（一）拓展·开发：丰富项目内容

课题组基于求是少科院平台的科学、技术、工程、艺术、数学等5个部门开发学习项目，进一步拓展学生的探究渠道，拓宽其科学视野，并通过多种形式融合多学科的学习项目，对前一阶段研究开发的学习项目进行进一步修正和完善。

（二）基础·示范：拓宽实施渠道

课题组在实践中探索基于求是少科院平台的跨学科项目式学习的学教范式。通过微项目、学科项目、跨学科项目、超学科项目等有层次的设置，形成了比较系统的实施策略。在课程实施过程中，充分借助浙江大学的智力支持，成立少科院导师团，导师引领示范，实施少科院课程，进一步拓宽项目式学习的实施渠道。

（三）展示·共享：强化研究推广

课题组加强了课程过程化研究展示和研究成果的推广：第一，以科研联盟和名师工作室为平台，开展多层次的基于少科院平台的跨学科项目式学习研讨活动，推广跨学科项目式学习的体系和策略；第二，实践成果以本书出版为契机广泛推广；第三，将基于少科院平台的项目式学习课程积极申报市、区精品课程，进一步提升课程领导力。

第二章

基于跨学科项目式学习的
求是少年创新科学院的平台建设

相比于传统的学科界限划分明确的常规课程，求是少科院从任务或项目出发引导学生主动解决真实问题，建构知识与技能。同时，求是少科院营造沉浸式的学习环境，让学生能够亲身实践，随心所欲地与场景进行交互，充分体验与沉浸式学习资源互动的乐趣，不断激发学生的学习兴趣，进而加深其对所学知识的理解。求是少科院通过现场作品展示与成果交流的形式，让学生对"创客空间"课程学习形成更深入的认识和体会，收获成就感，体验实现自我价值的愉悦感，形成不断创造的良性循环。

为了充分实现以学生为中心，发挥学生的自主性，求是少科院平台设计了"三自主"管理制度。"三自主"管理制度即自主选课制度、自主走班制度和自主评价制度，为学生提供了自主选择和自由发展的机会。

求是少科院的建设加强了5大功能区内部的多样化与互相合作，对各个功能区优化布局，使其彼此关联、学科交融；同时，赋予各个功能区各具特色的学科元素，如科学探究部着重技术超前特色，打造DI创新社团、智慧农场等平台；技术研发部着重AI智能，开设编程、机器人、3D打印等课程。值得一提的是科技大厅和星空长廊，作为求是少科院建筑中极具特色的两个区块，这里精心布置了光、电、磁、声等元素的科学设备，营造科技氛围，将科技元素渗透到空间布局之中。

　　此外，求是少科院设置了名誉导师墙、学生管理团队介绍栏、实践活动展示区等区域，实现科技与人文元素的有机融合，以硬件、软件结合的方式，为少科院平台建设提供技术支撑。

　　求是少科院的所有课程都可以在浙江大学找到相应的专业技术支撑。求是少科院依据发展理念和课程的实际需求采购相应教学设备、学生体验设备和智能化楼宇设备。在教学团队方面，求是少科院集结了浙大导师、外聘团队、校内教师等各界教学力量，再加上各个网络社群的扶持，大大提升了学校的软实力。在网络平台方面，学校有特色课程选课系统，课程的开设、任课教师的安排、学生选课、查询统计、评价等都可以轻松实现。求是少科院通过项目式的课程设计，合理布局科技元素体验区域，以及各界教学团队、各环节教学内容的软硬件配合，实践跨学科项目式学习。我们相信少科院的平台建设具有一定的实践意义，可为现行的基础教育实现素质教学、科学教学提供参考。

　　　　　　　　　　　　——求是少年创新科学院导师　匡翠方

匡翠方
浙江大学光电科学与工程学院教授，浙江大学光电工程研究所所长。

第一节 求是少年创新科学院的平台设计理念

一、以项目制课程提高学生跨学科素养

相比于传统的学科界限划分明确的常规课程，求是少科院的课程建设并不强调某一特定学科，而是从活动、项目或者任务出发，引导学生主动解决真实问题、建构知识体系、培养技能。目前，求是少科院平台建设的课程可分为两类：普及类课程和项目制课程。

（一）普及类课程

普及类课程主要包括一些体验类的活动和科普类的活动。体验类的活动旨在让学生进入平台创建的真实情境，亲身体验和实践，让知识变得更加具体和深刻，加深学生对知识的理解和思考。体验类活动包括木工体验课、厨房体验课和科学体验课。科普类活动则以科学展示、名人讲座或者科技节的方式开展。形式多样的活动让学生既能进行自主探索和学习，也能通过和名师交流获取新知，还可以通过在科技节等活动中的制作和展示，进一步实践和钻研科学知识。

（二）项目制课程

求是少科院平台设计基于跨学科的教育理念将项目制课程分为5个子课程，分别是：科学探究课程（Science）、技术研发课程（Technology）、工程项目课程（Enginering）、艺术体验课程（Art）、数学实验课程（Mathematics）。虽然每一类课程仍然以具体的学科命名，但是每类课程都是以项目为主线，涉及各个领域的知识和技能，需要学生结合跨学科的知识或方法去解决问题、提出方案或者设计作品。

如"智慧农场"项目就是用蔬菜养殖小鸡和孵化鸡蛋带领学生学习种植和养殖技术，观察鸡蛋的孵化过程，体验生命的诞生。

二、以沉浸式环境增强学生的学习体验

在沉浸式的学习环境中，学生能够亲身实践，随心所欲地与场景进行交互，充分体验与沉浸式学习资源互动的乐趣，不断激发学习兴趣，进而加深对所学知识的理解。求是少科院为了创设出沉浸式的环境，基于沉浸式体验所具有的无边界、交互性、愉悦性和具身性等特点，打造了专业的学科教室、真实的微型生态体验场所，开发了校外先进、前沿的实验室资源，使学生能够充分沉浸于教学环境和场所当中，并进行互动、探索与及时反馈。

（一）打造专业性的学科教室

学校一直倡导让学生在专业的教室里享受专业的教育，因此，少科院先后开设了STEAM课程所属的专业教室共计16个，其中最为突出的就是科学、数学、信息、艺术学科相融合的专用未来教室。这些专业教室中配备了各类硬件设备和智能设备，如科学教室就配备了电磁学、力学、声学、

热学、生命科学等五大类实验探索包，让学生置身专业的、科学的殿堂。

（二）创设沉浸式的生态体验场所

　　课程建设离不开环境的建设，只有让孩子们浸润在一定环境中，才能让他们将外在的行为和内在的品质都融入课程体验中。围绕少科院课程的开发，我们在校园中打造了一个全真的"课程体验场"。求是少科院开发和建设了生态池、校园屋顶生态长廊、智慧农场、智慧厨房等多个真实体验场所。这些场所完全依照真实生活情境设计，让学生置身于池塘观察植物和动物的生活和生产关系，置身于农场学习蔬菜的种植技术和小鸡的培育技术，置身于厨房学习烹饪技术。这些沉浸式的生态体验场所让学生不再脱离实际去学知识，而是真正通过动手实践去探索和建构知识。学生的学习动机和学习兴趣被调动起来，学习的积极性和参与度也能够不断地提高。

（三）开发熏陶式的校外环境资源

　　此外，求是少科院还借助校外力量，充分整合学校、家庭、社会、学生4个要素，发挥家庭教育、社会教育的优势，实现STEAM教育的协同效应。求是少科院坚持开放联动，聘请浙江大学教授作为少科院的导师，整合浙江大学多个实验室的资源，让学生能够接触和学习国内专家、学者的思维和见解，认识和学习国内外生物医学、人工智能、航空航天、工业设计等领域的发展前沿。

三、以作品交流促进学生的创造能力

　　教师定期收集学生的学习成果并加以反思教学，学生参考来自老师、同伴等的反馈建议来修改创作，此时，学生的学习才会深入。在STEAM项目学习中，我们重视展示环节，以作品展示的方式呈现整个项目的研究过程和研究成果。老师指导学生，从多个维度记录项目完成过程中的收获，指导学生有创意地展示作品，交流学习经验。

（一）线下的展示与交流

求是少科院开设了多种形式的线下交流与展示，如个人科技展，学生在展览中感受科技、学习科技、交流经验。学生根据自己的喜好策划、创作作品，通过表演、广告宣传、实际运用、演示等多种方式展示自己项目研究的成果。教师则充分对学生放权，给他们自由施展自己想法和才华的空间与舞台。通过现场作品展示、成果交流的形式，让学生对创客空间课程学习形成更深入的认识和体会，收获成就感，体验实现自我价值的愉悦感，形成不断创造的良性循环。

（二）线上的展示与交流

除了线下的展示交流，求是少科院还会精心挑选出优秀作品在学校的公众号等新媒体平台进行发布。求是教育集团开设的"求是印象"公众号开通了"求是少科院"专栏，用于展示学生在课程当中制作和创作出的各类作品。通过现代通信技术和媒体宣传，让学生意识到自己的想法和创意可以分享给更多的人，进而提高学生学习的内驱力。

四、以自由选择提高学生的自主能力

相较于传统的接受学习，自主学习是一种现代化学习方式，也是新时代学生必须具备的一种能力。自主学习指的是在平台资源支持下，学习者能够依据学习目标，自主选择学习内容，自定学习进程，开展主动学习。为了充分实现以学生为中心，发挥学生的自主性，求是少科院平台设计了"三自主"管理制度，即自主选课制度、自主走班制度和自主评价制度，为学生提供自主选择和自由发展的机会。

（一）自主选课制度

学校专门为少科院拓展课程开发了选课系统。学生可以跨年段选课。对每个学生的选课项目数、上课时间和地点都有相应的条件限制。学生在规定的选课时间内，通过校园网选课系统自由选课报名。

（二）自主走班制度

少科院STEAM拓展课程实施走班学习，它保留了"班"的形式，但不固定，班级是由个人通过选择自愿形成的，而非学校统一划分的。学生通过"线上抢课"选择自己喜欢的课程，这样组成的班级可能跨班级、跨年级，成为一个新的集体。

（三）自主评价制度

引导和激励学生充分地自主创新、健康发展，借鉴选择性评价理论，注重个性发展评价，给学生更大的自主权，促进学生的自我评价和自我反思。

第二节 求是少年创新科学院的规划布局

一、合理划分功能区域

（一）Science科学部区域

科学教学区域包含了DI（Destination Imagination）创新社团、星空探旅社团、科技模型社团、人文探旅社团、智慧农场。DI创新社团拥有各种数字化传感器，包括电磁学、力学、声学、热学、生命科学五大类实验探索包。星空探旅社团也是由浙江大学扶持的社团，不仅拥有高倍率的天文望远镜，还能邀请到浙江大学的专业教师团队来为学生上天文课。科技模型教室位于少科院一楼，除了可以供学生在教室内学习搭建模型外，该教室内还搭建了赛车轨道供学生训练使用。人文探旅社团是一门自然探索的课程，学生先设计出研究的课题，然后外出探访，收集需要的素材，最后再回到教室来进行科学整理和分析，并把课题报告贴到展板上。除了外出探访，少科院还拥有一个智慧农场，包含了玻璃暖棚、水培种植系统、自动滴灌系统、太阳能灭蚊器等现代化的农业设施、设备，供学生研究学习使用。

（二）Technology技术部区域

技术教学区域位于少科院二楼，由Scratch编程社团、智能天地机器人社团、3D打印社团组成。少科院为Scratch编程社团提供了一间拥有16台学生计算机和1台教师计算机的编程教室。机器人教室，根据学生的学习和训练需要，在正中间安排了一块机器人训练场地，北面则做了一侧墙柜，用于存放机器人设备和零件。该教室还配备了4台计算机，学生可以在这里完成程序编写和修改的任务。3D打印教室内有16台学生计算机和7台3D打印机。学生可以先在计算机上进行模型设计和搭建，确定稿件后通过3D打印设备把作品打印出来。3D打印教室内的设备让学生的创意不仅仅停留在想象阶段，而是能满足学生从设计到成品制作的全过程需求。

（三）Enginering工程部区域

工程教学区域是学生动手实践的天地，工作坊活动引导学生在实践制作过程中培养动手能力、想象力和创新精神。工作坊内配备自行设计的多功能工作平台，配置了各类木工、金工制作工具。此外，工作坊还成为制作车模、空模、海模、建筑模型等的场所，学生在这里可以尝试把对车辆、航天器、船只、建筑等知识的学习从无形化为有形。

（四）Arts艺术部区域

艺术教学分为沙画艺术和美食艺术。沙画艺术教室内有24台供沙画学习的专业电子沙画台。学生可以在这些机器上以沙为主材料进行绘画创作。智慧厨房即云厨房，主要让学生利用互联网智能技术开展烹饪学习，充分体现学习的自主性。

（五）Mathematics数学部区域

数学实验部位于少科院的二楼，这里不仅仅是一间教室，还是一个数学博物馆。从两侧的展柜中可以看到很多与数学相关的知识，屋顶的装饰也是带有数学元素的字母和数字，教室的中间是供学生们学习和探究的地方。

二、学科内部紧密交流

（一）功能多样的数学部

数学部是一个涵盖了低、中、高3个年段的社团。所以，数学部内无论是布置，还是供学习、游戏的数学学具设施都是非常丰富的。教室吊顶中的阿拉伯数字"0～9"，数学字母"π"，数学符号"∑"，让学生在浸润式教育中从认识数学到爱上数学。数学实验室里的数学博物馆带给孩子各式各样的数学历史和数学神奇知识。了解伟大的数学名人以及他们的数学发现，可以让学生体验到数学科学家不断钻研、追求真理的科学精神。神奇的数学知识板块，通过简单的动手实验让低段学生了解数学面积、体积的换算关系等知识，让中高段的学生能够求证数学课上所学的数学计算公式。数学部还有各式各样的数学玩具供学生学习使用，例如数独，从最简单的四宫格到复杂的九宫格，是仅仅使用1～9这9个数字就可以让所有的孩子都乐此不疲的思维训练游戏。

（二）相互合作的技术部

技术部的各个社团在任务设计时关注项目式学习，注重相互融合与合作。例如会分类的垃圾投放机器人项目就是各个部门合作完成的一个学习成果。该项目包含有数学学科中的角度、顺时针和逆时针的方向设置等知识，科学学科中的垃圾中有哪些可以变废为宝的物质、垃圾回收中物质形态的变化等知识，信息技术学科中用颜色传感器进行判断后调动电机模块、特殊零配件的3D打印定制等知识和实践。技术部融合了多个学科的学习内容，调动各个社团相互配合，有效突破了各学科间的壁垒，实现了多学科多元化学习。

三、求是少科院的氛围营造

（一）随处可见的科技元素

少科院的主题是科学技术，所以在这里有很多吸引学生的科学设施和设备，例如科技大厅、星空长廊、望远设备……

1. 科技大厅

科技大厅是整个少科院建筑的"序言"，这里能让每位来少科院学习的学生感受到自己进入的是一个科学探索的世界。大厅的正中间是一个大的"科技之球"——地球。大厅的两侧分别布置了5台科学体验设备，有通过光电技术实现音乐演奏的"无弦的竖琴"；有通过光线发射产生更远影像的"窥视无穷镜"；有在强电场作用下，物体表面曲率大的地方等电位面密集、电场强度剧增，致使它附近的空气被电离而产生气体放电的"尖端放电仪"；有神奇的、能让锥体往上滚的实验装置；有通过演奏电子琴来感受声波存在的"声驻波"。通过这些设备可以让学生更直观地理解电学、动力学的奥秘。抬头望去，科技大厅的屋顶是一片浩瀚的星空，让我们仿佛置身于神秘的宇宙之中，带领我们向着未知的世界迈进。

2. 星空长廊

星空长廊贯穿整个少科院，一楼的走廊—楼梯—二楼的走廊，所有的通道上方都是各式各样的星空图。有我们熟知的太阳系八大行星图，也有人类观测到的十二星座图，配上背景灯光，让孩子们沉浸于令人向往的神秘星空，不知不觉中在孩子们的心中种下了"探索太空"的种子。

3. 望远设备

在少科院的星空社团里可以看到专业天文望远镜。在来自浙江大学的导师的专业技术指导下，星空社团的学生可以在夜晚使用专业天文望远镜观看远在1000多光年外的星座，这可不是一般小学生能享受到的福利！

（二）各具特色的学科元素

1. 技术超前的科学部

DI创新社团借助传感器，让以往一些不可被感知的实验现象变得可以被感知，让学生在科学探究活动中的体验更充分、思考更深入。6台可交互的多点控一体机，可以作为学生学习成果的展示平台，让学生的学习模式不是单线的、单项的。

智慧农场是一个能实现自动管理的农场。实时滚动的LED屏上能显示温度、湿度、光照等数据，智慧农场能根据光照、温度等数据对遮阳帘进行调整。当夏季温度过高的时候，玻璃房顶的自动喷淋降温设备会启动，用冷水对房屋进行降温。实时监测土壤湿度的设备，能通过需求调整滴件的水流速度，给植物最适合的生长环境。水培植物系统能通过自动添加营养液设备来控制水系中植物所需要的营养，让每一棵水培植物都能长得绿油油的。

2. 科幻感十足的智能的技术部

技术部开设了编程、机器人、3D打印3门课程。Scratch编程是适合12岁以下学生参与学习的模块化编程。学校在Scratch教室内设计了一面与信息技术相关的字母图形墙，"@""C++""HTML""Python"等具有计算机特色的文字、符号均在其列。机器人教室里有学生搭建的各种机械臂、轴承组、传感器，加上那张大大的机器人训练专用桌，这就是一个学生进行机器人学习的快乐小天地。3D打印教室就更有特色了，不仅有3台3D打印设备，还有学生学习过程中设计的奇特眼镜、Logo硬币、可爱小动物等，被打印出来放置在了陈列柜里。这些独一无二的专属定制产品让学生获得充分的自豪感与成就感。

3. 浓浓木香的工程部

作为非物质文化遗产大学堂的木工作坊，是一间很有"味道"的教室。教室内一张张2米长的原木工作台上，摆放着常用的木工制作工具。学生可以利用这些迷你工具，对木材进行切割、打磨、钻孔等加工，创作和制作他们想要的作品。教室墙上有多种木质的标本及其知识介绍。作品陈列台上放满了学生的作品，木质书签、木质发簪、木质小玩偶，甚至木质衣架……让每个进入木工坊的人都能放松身心，愉悦地投入各种模型的创作中去。其他部门的车模、空模、海模的零配件有不少也是出自这个工作坊。

4. 开发脑力的数学部

数学实验室划分了多个功能区。陈列区，将数学史上大事记、数学家简介等以展板、墙贴等形式加以呈现，同时还将历年的数学教材及课堂需要用的经典学具陈列在展柜里。体验区，适合学生自主体验与探究，能满足不同年龄段的学生需求。体验区内提供了一些有趣的数学绘本可供低段学生阅读，还设有与数学相关的乐高集合体拼搭组，提供了要借助一体机及iPad等智能终端去体验的数学小游戏，如2048、MC、数独、扫雷等，深受各学段学生的喜爱。

5. 时尚创作的艺术部

"云厨房"可以满足20名左右的学生同时开展美食制作。"云厨房"有专业的教师操作录制平台，采集教师的美食制作全过程，作为学生学习的素材。在各个操作台上有一个专业的美食制作点播系统，学生们可以根据自己的喜好选择中式或者西式的菜肴、点心，在视频里老师的指导下，学习制作香气四溢的美食。在这个过程中，老师的视频教学可以满足不同学习能力的学生的需求，学生可以放慢视频的播放速度进行学习，也可以重复学习，这让每个学生都能掌握美食制作的技能。

除了美食，沙画艺术也深受学生喜爱。细沙从手中缓慢落下，手指的一推一抹犹如功能奇特的画笔，在散发出黄色暖光的玻璃画板上慢慢呈现出一幅幅美丽的画作，学生的艺术作品通过一颗颗细沙呈现在了大家的面前。

（三）温暖和谐的人文元素

1. 引领科技：名誉导师

求是少科院的一大优势就是拥有浙江大学的人才资源作为课程开展的有力支撑。从唐孝威院士到浙大的优秀青年博导都参与到少科院的建设中来。因此我们在一楼大厅西侧设置了一面名誉导师墙，上面有我们每一位导师的个人介绍。这给我们的学生很大的鼓舞，让他们为自己能在少科院学习而感到骄傲与自豪，并能激励他们朝着自己的偶像而努力。

2. 未来领袖：学生团队

求是少科院的学生管理团队也有自己的介绍栏，少科院每一届小院长和各科部长的信息都会贴在展示墙上。一届届的求是"小科学家"在这里得到传承与发展。我们也希望学生管理团队展示墙上的求是学子们将来能成为名誉导师墙上的一员，为求是少科院增光添彩。

3. 充满朝气：小实践家

每一位求是学子都有他自己的闪光点。俱乐部的实践活动展示区域，凸出的圆形展示造型上有机器人、3D打印、Scratch编程、DI创作、星空探旅、数学实验、木工匠人、美食制作等一系列学生活动场景的呈现。每张照片上都有对科学知识孜孜以求的笑脸，有对学习充满渴求、对科学充满向往、对未来充满希望的眼神。

4. 成果满满：展览橱窗

除了每个社团教室内的学生成果展示，二楼的每个教室也有展示橱窗。这里有同学们搭建的航空航天模型，有机器人社团在杭州市科技节比赛中获奖的创客设计，有3D打印社团打印的个性笔筒、个性口哨，有人文探旅社团的课题研究小报……

第三节 求是少年创新科学院的技术支撑

一、硬件支撑

（一）向上借力浙大技术

浙大附小毗邻浙江大学，教学资源丰富，少科院的所有课程都可以在浙江大学找到相应的专业技术支撑。求是少科院不少专业的教学设备都得到了浙江大学的支持，3D打印机、高倍显微镜、天文望远镜等都来自浙大的赞助。这些设备的使用也得到了浙江大学相关专业的老师提供的帮助，包括设备调试、专业指导和技术支持。创新设计主体、创新基础空间和设施、创新设计主题、校内外活动等要素共同组成少科院。求是少科院通过平台搭建打造完整的创新体系，进一步激发学生创新设计思维能力的养成。

（二）向外借力社会资源

1. 科技设备的使用

求是少科院依据发展理念和课程的实际需求采购相关教学设备、学生体验设备和智能化数字设备，比如少科院展厅的全息地球投影仪、声波测试仪器等。从一楼展厅到二楼走廊，布满了各种科学实验小设备，学生在课余时间最喜欢聚在这里玩耍、探究——用充满奇思妙想的小实验来吸引学生的目光和兴趣，培养学生的探究能力，促进科学启蒙教育的发展。

2. 未来教室：传感器+多屏

融入传感器的数字化课堂，让科学实验教学呈现得更加丰富、直观，进一步提高了实验的科学性。未来教室是一个可以让学生深入探究科学知识的学习空间，7台一体机，可以让学生分组进行人机互动；这里还有与各类科学教材配套的传感器，比如在认识磁铁这节课中，学生可以利用传感器直观地看到条形磁铁磁力的变化规律。

3. 人脸识别技术支撑

为了使少科院更具科技感，并与人工智能契合，少科院每间教室的门禁系统都采用人脸识别技术。权限开放给授课的教师和少科院的总管理教师。六年级的信息技术课有一个单元是人工智能，其中有一个知识点就是人脸识别。学生在课堂的学习，在少科院中可以进行实际体验。人脸识别系统不仅让少科院的管理和人工智能接轨，也在细节处向学生传递出科技在实际生活中的应用等信息。

（三）向内借力专业教师

1. 面对面集体培训

为了充分发挥多媒体教学设备的作用、丰富教学手段、激发课堂教学活力、提高课堂教学质量、帮助任课教师进一步掌握多媒体教学技能并提高教学效果，学校每个学期会对新教师进行专题培训，有针对性地向老师们介绍少科院多媒体设备的使用方法和使用制度。通过培训，教师们进一步掌握了少科院多媒体设备的使用技巧，更加深刻地体会到合理使用现代化教学设施设备给课堂带来的高效、便捷。培训能鼓励教师结合自身所教学科用心研究，充分利用信息技术手段服务课堂教学，不断优化教学过程，努力提高课堂教育教学质量。

2. 一对一特色教学

选择一对一特色教学的主要目的是增强老师的实际操作能力，受教老师在施教老师的帮助下增强实际操作能力。未来教室里的设备比较多，有些使用方法比较特殊。有些教室里的设备比较专业，比如智慧厨房的设备。经实践证明，一对一特色教学受到很多老师的欢迎，能有效解决实操中的各种问题，让老师们的实际操作和授课水平得到迅速提升。

3. 微课长效保障

为了让每位走进少科院的老师都能高效使用教室里的设备，学校专门录制了相关微课放在电脑中，教师可以通过微课学习设备操作步骤，新入社团的学生可以观看介绍社团的微视频。

二、软件支撑

（一）教师团队技术支撑

1. 浙大导师团

来自浙江大学的导师团为少科院提供了全方位的支持，有些设备的使用具有专业性，比如3D打印机，浙江大学的3D打印教师团队，会进入社团研究3D打印机的各项配置，设置基本的参数，教会老师如何将完成建模的3D作品打印出来。课程教学上，浙大导师团也按时来校给老师和学生进行具体的教学指导。

2. 外聘团队

求是少科院中不少课程聘请了校外教师来讲授，比如木工坊、智慧厨房、Scratch编程、小机器人社团等都是外聘老师进校讲课。这些课程，校外不少培训机构已经开发了很完整的课程。合理利用好社会机构的课程资源，能更好地为少科院发展服务，激发学生的兴趣。

3. 校内教师

校内教师在浙大导师团和社会外聘教师的支持下参加少科院各项课程的课堂教学。例如，少科院的科学探究部、技术研发部和工程项目部的授课团队，都是浙大教授、机构教师、校内教师的组合。

（二）教学内容技术支撑

1. 网络社群

Scratch编程社团聘请校外培训机构教师教学，在相应教学中也使用了机构的教学平台。学生在该平台中拥有自己的账号，凭账号在平台上进行课后学习和作业提交，还可以查看其他同学的作品并进行评价。

3D打印社使用了TEACH创新学园平台。学生可以利用该平台在线学习、远程打印、作品配送，一站式学习模式使学生能专注到创新、创作中。

2. 教师编写

智慧厨房的食谱需要根据教学不断地进行调整，电子屏中的教程是教师根据教学需要自主编写的。教师可以通过食谱选择相应的教学内容，也可以根据教学内容调整食谱内容。

（三）网络系统技术支撑

1. 平台开课

学校有了特色课程，还需要选课系统，学校搭建了求是特色选课系统，课程的开设、任课教师安排、学生选课、查询统计、评价等都可以通过选课系统得以轻松实现。选课系统能让整个流程更加清晰、分工更加明确、管理更加有序，提高了整个工作效率。在设计规划好少科院课程后，学校通过选课系统设置好课程规划、教师分配和场地设置等预设功能，为后续学生在线上选课作好前期准备工作。

2. 社团预选

求是特色选课系统主要由学生申请、教师管理、查询子系统和系统维护4大功能模块组成，每一模块又可以分解成相应子模块，如下图所示：

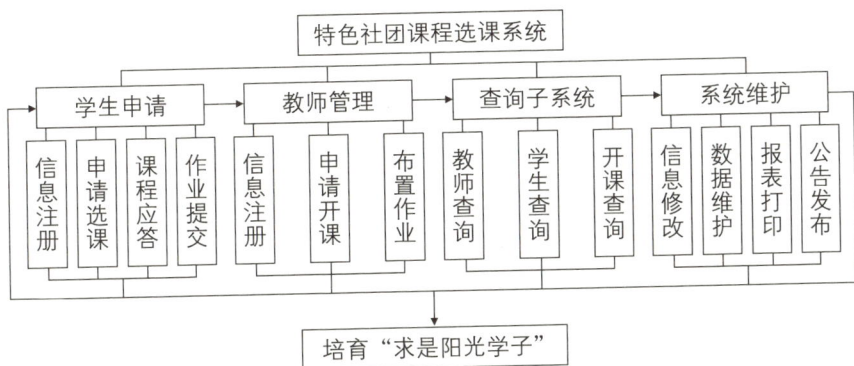

特色社团课程选课系统
学生申请 — 教师管理 — 查询子系统 — 系统维护
信息注册｜申请选课｜课程应答｜作业提交｜信息注册｜申请开课｜布置作业｜教师查询｜学生查询｜开课查询｜信息修改｜数据维护｜报表打印｜公告发布
培育"求是阳光学子"

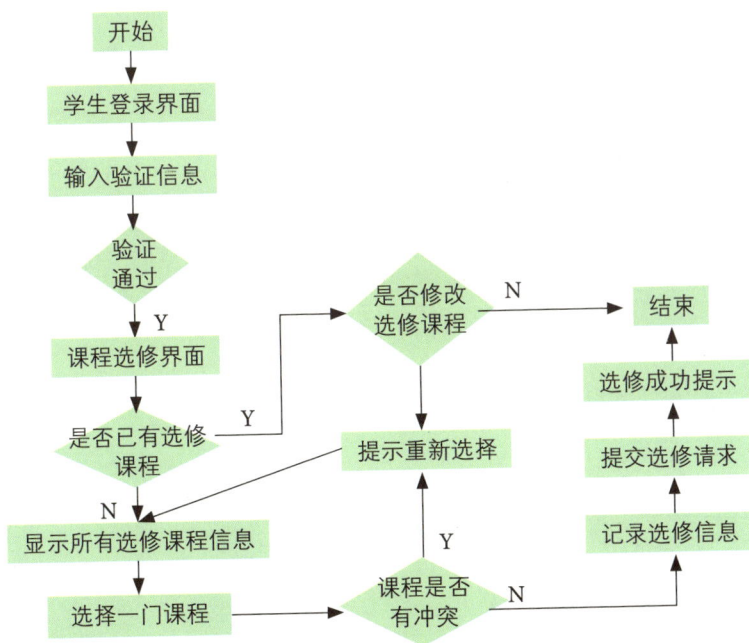

开始
学生登录界面
输入验证信息
验证通过
Y
课程选修界面
是否已有选修课程
Y
N
显示所有选修课程信息
选择一门课程
是否修改选修课程
N
结束
提示重新选择
课程是否有冲突
Y
N
记录选修信息
提交选修请求
选修成功提示

3. 线上抢课

除了编程、机器人等少数几个校级社团是定向招生外，其他社团都是面向全校招人。线上抢课对学生来说是件愉快的事情，学生首先会拿到一张学校社团介绍，然后根据自己的喜好，在规定时间上网抢课。

学生能自主选择课程，在规定时间内，可以退选、补选、改选课程，选择完课程后，学生可以查看并打印自己的课程表；最后由各任课老师对选课学生进行"资格审核"。教师可以进行教师开课查询，学生能进行选课、节次、学分等查询。教导处可以对全校各特色课程的报名情况以行政班和拓展班为单位进行数据统计。

4. 网络评价

在学期末，学生要对本学期的社团学习进行评价，学生可以从课程内容和授课教师两方面进行评价。学生的评价可以作为学校对社团教师进行考核的参考意见，学校也可以根据学生的评价对下一学期的社团工作进行调整。

第三章

基于跨学科项目式学习的
求是少年创新科学院的组织管理

　　高效的组织管理能有效地配置有限内部资源，实现组织的既定目标。求是少科院对建立组织结构，规定职务职责，明确教学关系有着清晰的管理思路。

　　求是少科院通过基于跨学科项目活动来深度培养学生的思考和探究能力的方法，并利用丰富的设备资源，以学生为主导，重视活动过程中的"体验感"，使学生通过实践来认识事物。其对于开放性的课程活动评价有详细的规定，学生可以各抒己见，促使课程活动的不足可以被及时发现和改正。求是少科院对于管理体系的改革、对配套服务设施的完善都促进了项目式学习效果的提升，实现了对学生的知识储备和能力的培养。求是少科院组织管理评价的指导思想、组织架构和评价标准，为少科院的管理建设提供了确切的制度依据。

　　在少科院中，浙江大学各研究领域的学者教授以"职能部门式"和"座谈式"两种方式参与到学生的培养过程中，为少科院提供了雄厚的教育资源保障。此外，"全员分工""全员合作"和"全情投入"的自主管理模式有利于激发学生参与项目的积极性，培养其团结合作、解决问题的能力。建立"三本"记录册、评选"三章"小雏鹰以及举办"三展"嘉年华对学生的学习效果和学习自主性起到了重要的推动作用。

求是少科院的自主管理模式主要由学生自主完成相关活动，充分提升了学生的自主学习和管理能力。求是少科院利用数据和图表展现出学校日渐浓厚的项目活动氛围，并且逐渐形成了一整套学校特有的求是少科院品牌文化，提升了学校知名度。

求是少科院新颖实用的组织管理方式以及丰富强大的教学资源，在激发学生学习与思考兴趣、促进团结协作等方面提供了强大的培养能力与有利条件。

——求是少年创新科学院导师　侯阳

侯阳

博士生导师，国家自然科学基金委优秀青年基金获得者，现任浙大宁波理工学院生物与化学工程学院院长。

第一节　求是少年创新科学院的组织管理

一、少科院组织管理理念

（一）深度开发

　　求是少科院是一个引领学生自主探究的平台，学校在培养"有自信·爱探究·乐健体·善交流"的阳光学子的育人目标上，通过少科院现有资源开发跨学科项目式学习主题，继续深化研究，形成学校特色项目活动，为学生提供丰富的活动体验以及自主实践的机会。基于少科院的跨学科项目式活动在设计上更加多维化，充分整合了现有课程，在主题挖掘、操作流程、展示评价等方面充分尊重学生，创设符合学生身心认知和需求的少先队主题活动，形成体系，便于少先队活动的有效开展。

　　教育部下发的《关于加强中小学少先队活动的通知》，明确要求对少先队课时予以保障，同时也对活动基地建设等资源整合与开发的问题作了规定，要求加强少先队活动基地建设，充分调动社会各方面的积极性，挖掘各种社会资源，有效整合、利用各级各类校外教育机构，包括校外活动场所、社会实践基地等教育资源，为少先队活动的开展提供必要的条件保障。在新时代背景下，随着少先队活动越来越重要，学校要继续重视并落实文件政策对资源整合和活动主题开发的要求。

为了搭建学生实践的平台，跨学科项目式活动将学校现有资源及少科院功能场所进行了分类，整合开发了科学探究室、技术研发室、工程项目室、艺术体验室、数学实验室，做到物尽其用。在少科院的组织管理中，只有合理地对项目活动资源进行深加工，才能从现有的显性资源和隐性资源中，挖掘出更多符合生活实际的主题。

【案例】从"问题"到"主题"

学生体验了少科院各个部门的课程后，产生了想要学习、探究的问题，包括"平时张口就吃的包子是怎么从面粉变成一个包子的呢？""当一个木匠是怎样的体验？""端午节我们吃的粽子有哪几种包法？"等。学生可以根据产生的问题自行申报活动主题，确定在少科院开展的劳动体验主题、角色体验主题和文化体验主题。

申报主题	
主题阐述	
申报理由	
你建议的活动形式	

【分析】学生通过自主体验后产生想解决的问题，进而自主申报跨学科项目式活动主题。教师可以充分利用少科院的现有场所，引导学生自主体会、思考，感受生活。

【案例】从"调查"到"主题"

学生根据对少科院科学探究室的了解，设计调查问卷，调查同学们感兴趣的跨学科项目式活动。问卷中设置"你想了解天体吗？""你对植物的生命力有什么了解？""你知道现代环境对鸟类生活有多大影响吗？"等问题。根据问卷调查结果确立天文探究、生命探究、环保探究等活动主题。

【分析】学生通过自主调查、数据汇总后，可以得知同学们在哪些方面更加薄弱以及大多数同学的兴趣点在哪里，从而确定更适合在少科院科学探究室开展的活动主题。

【案例】从"讨论"到"主题"

学生通过事先准备，针对少科院的功能教室，列出一系列中队要进行讨论的问题，包括："你在人文探旅中感受到了哪些西湖人文？""如何帮助生态园的植物度过冬天？""你对生态园中的队花队树有着什么样的感情？""对于西湖十景你有多少了解？"从对这些问题的讨论中，学生可以自主整合出人文教育、责任教育和感恩教育等跨学科项目式活动主题。

探旅问题大讨论

你在人文探旅中感受到了哪些西湖人文？ A

B 如何帮助生态园的植物度过冬天？

你对生态园中的队花队树有着什么样的感情？ C

D 对于西湖十景你有多少了解？

【分析】学生通过讨论，往往能加深对植物、人文和生态的认识，从而挖掘出更为深刻的、与少科院更为契合的跨学科项目式活动主题，提升学生在活动中的积极性和参与感。

（二）体验生成

求是少科院作为以培养学生创新能力和自主探究能力为目标的阵地，拥有丰富的现代化设备。基于此开展的跨学科项目式活动，可以利用现有设备资源，创设适合学生自主发展的项目活动。求是少科院按项目制平台建设、学生心理发展及学校建设需求依次实施，以学生为主导，发挥他们的主观能动性，让学生在活动过程中主动开发少科院课程，同时结合跨学科项目式活动，用自主意识引导行为的发生，从而得到自我发展和提升，促进多方面能力的发展。

基于少科院的跨学科项目式活动是一个承载学生实践能力发展的活动性载体，实践能力的培养需要置身于体验的环境中进行体验教育。所谓体验，就是指通过实践来认识事物，不仅要亲身实践感知体验的动态过程，还要在行为体验的基础上将感知内化于心，转化为心理活动。跨学科项目式活动要把握不同年龄段少年儿童的特点，遵循少年儿童成长和教育规律。教师要尽可能多地组织实践活动，并且在活动中多给学生提供体验的机会，做到面向人人、人人可为，以捕捉孩子的兴趣点，让他们爱上项目式活动。

在基于少科院的跨学科项目式活动的管理创新上，我们认为应该寓实践于活动形式中，以体验教育为载体来创新参观、访问、调查以及社会实践等活动形式。比如，在少科院开展多种形式的角色体验活动，设置多样化的校园岗位。学生应在教师的引领下积极地去享受角色体验与自我教育的过程，主动地寻找岗位并争取做到最好。

【案例】大队部活动：争创"绿色章"

学校大队部结合科学探究部的特点，为各中队确立不同的队树队花作为探究重点，并在"中队园地"中精心开辟"植物探究"特色展板，要求各中队定期展示研究成果，以争创"绿色中队"。少先队员人人争夺雏鹰特色奖章——"绿色章"，"绿色章"作为母章，她还有4个子章——"知识章""探究章""艺术章"和"爱心章"。"知识章"要求队员了解植物科普

知识，认识常见植物，特别是校园植物的种类、名称与生长特点。"探究章"要求队员主动参与到对队树队花的观察研究与资料搜集中，认真完成成长记录袋中的观察日记和植物探究报告。"艺术章"要求队员在探究过程中善于用摄影、绘画、写作、书法、制作等形式再现内在美。"爱心章"要求队员为自己的队树队花设计一条爱心标语，积极参与对队树队花的养护体验，与它们热心交朋友，陪它们共同成长。

争"知识章"：认植物

争"探究章"：
观察报告

争"艺术章"：植物写生

争"爱心章"：
养护写生

　　同时，大队部还聘请植物专家和植物爱好者作为校外科技辅导员，定期举办植物知识讲座，向队员介绍植物知识、植物探究的方法、植物学家的动人故事及植物研究方面的科技成果等。大队部还专门成立了观察实验组、采访调查组、标本采集组、叶画创作组、植物摄影组、素描作文组等雏鹰特色小组，定期开展校园植物研究、生态考察和采访游览活动，提高队员的活动兴趣。

植物DIY
美化

植物科普讲座

植物摄影

植物贴画

认识植物

【分析】在这样的活动形式中，学生可以选择自己喜欢的活动形式，发挥特长，争得特色章。活动能增强学生的环境意识，使其在关心、爱护校园树木的行动中，激发爱树、爱校的感情，提高活动兴趣。

（三）督导反思

基于少科院的跨学科项目式活动走出传统学习课堂，体现了课程的开放性。开放性的活动更有通透感，信息交流更加通畅。如此符合小学生年龄特征的跨学科项目式活动，才能建立有效的生态场，从而让学生明确自己的责任，在活动中得到创新发展，全面提升素质。

在项目式活动的评价问题上，少科院联合学校大队部的少先队工作开展评价。教育部基础教育司副司长俞伟跃在 2018 年少先队改革座谈会上明确指出，各级教育部门和中小学校要将少先队的各项活动和工作纳入综合素质评价体系。在《中小学少先队改革主要任务清单》中也提到，要将少先队工作纳入学校教育教学整体工作计划，做到开学有部署、过程有指导、期末有总结、年终有评价。在少先队活动的激励机制上，少科院多以"雏鹰争章"为基本载体建立以学生为主的学生激励体系。

在基于少科院的跨学科项目式活动的组织管理中，教师可以鼓励学生成为"小老师"，首先对自己在活动中的表现进行自评，然后以小组或小队为单位进行互评，最后由教师进行他评。当然，制定并严格执行评价标准是至关重要的，活动评价的目的在于衡量活动质量的高低，促使教师和学生发现不足、及时改正。

【案例】你评我评大家评

借助少科院云端设备，学生可以将自己的作品实时上传到直播平台，传统项目式活动中的"一人提问一人回答"模式可以变为"多人分享多人回应"的互动交流模式，这样能够让学生各抒己见、畅所欲言。

为拓宽研究空间、真正促进学生自主探究，学生可以在辅导员老师的指导下把自己需要的探究项目用微视频的形式挂在学校网站或班级博客上，供学有余力的其他小组成员自由探究。比如，在制作饼干时，学生可以借助移动设备把自己的制作过程以 Vlog 的形式记录下来，加上旁白介绍，上

传到网络上，由其他队员和辅导员老师对其操作过程进行评判，指出不规范的地方，肯定操作正确的地方。

在少科院智慧厨房，学生可以借助移动设备把活动过程的照片和视频上传到大屏幕上，由其他学生和辅导员老师对操作过程进行评判，指出不规范的地方，肯定操作正确的地方。

【分析】N对N的交流方式拉近了研究距离，拓宽了研究时空，给学生提供了自主表达和自主实践的舞台。

二、少科院组织管理体系

（一）以项目式学习为引导，推进管理体系改革

学校面向培养爱科学、爱探究的阳光学子的需求，对少科院的知识体系与能力培养模式进行了有机整合，建设了科学探究部、技术研发部、工程项目部、艺术体验部、数学实验部5大部门，每个部门分别有自己的负责老师、负责学生及参与学生，形成老师辅导一部分学生，再由这部分学生带领其他学生学习的管理模式。每学年结束，学校会组织对负责学生和参与学生进行更换，负责学生由学生自主报名，然后通过笔试、面试选拔产生，参与学生通过报名抢课获得资格。所有项目式活动均以团队合作的方式完成。

在一系列的跨学科项目式活动里，学生在少科院这个平台参与各项管理工作，在各项学生活动中充分进行自主管理。在这个过程中，学生的人际交往能力、组织管理能力、清晰的工作思维、创意的设想和设计都得到了充分的挖掘和发展，少科院为学生今后的成长提供了有效的锻炼平台。求是少科院的跨学科项目式活动可以培养学生的知识获取和整合、系统集

成、交流沟通、团队合作等综合能力，并转变以知识获取为中心的传统考核方式为以培养学生综合能力为目标的综合考核方式。此外，为进一步推进少科院的教学管理改革，学院自2020年起还成立了少科院导师团对少科院进行管理引领。

（二）以项目式学习为核心，完善配套服务、设施

求是少科院搭建了完善学习平台——功能教室，服务跨学科项目式学习课程实践的需求；结合"课程项目展"，考查、推广学生综合能力培养成果，加强校际合作；通过加强教师队伍，完善课程过程考核，实现课程内涵建设；整合资源，建立信息化服务平台，面向现代工程的人才培养需求，综合培养学生的全局视野和动手实践能力。

求是少科院以功能教室为校内校外合作基地，辅助项目式学习模式，构建少科院5大部门的平台，注重对学生的知识与技术集成能力、动手实践能力的培养。少科院功能教室向学生提供学习场所以完成模型制造。学生组成的团队，在校内教师和外聘老师的指导下完成相应的项目设计，提高学生的综合实践能力。比如，少科院的未来教室拥有数台望远镜、显微镜等仪器，学生可以以此为基础挖掘天文探究主题，他们可以利用天文望远镜观察天体、了解天体，也可以利用显微镜观察肉眼不可见的微观世界、开拓视野。这些设备会培养学生的自主探索欲和自主利用仪器科学探究的能力，让以此为主题的项目式学习更有意义。植物种植区是少科院项目式课程中非常重要的一部分，辅导员老师可以通过植物挖掘出探究生命的主题。老师指导学生观察种植区植物的生长，体会其顽强的生命力，其主要意图是让学生通过欣赏校园植物，培养观察、调查的能力，学习合作的方法，通过制定"植物成长护航计划"，定期、定人、定时养护少科院的植物，旨在让学生在劳碌中体会生命不易，引导学生爱惜生命，提高学生的生命保护意识。

求是少科院整合教学资源，实现了信息化管理服务平台全覆盖，并打造了由网站、钉钉服务系统、新媒体等组成的项目教学网络信息化平台，以适应信息化社会对教育发展的新要求，更好地服务广大师生。学校对助教老师也提出了更高的要求，要求其在课程实习实践、设计项目指导、学生自主实验等环节更好地辅助任课老师，服务项目活动建设。

（三）以项目式学习为抓手，实现知识能力转变

跨学科项目式活动结合小学生的学习特点，将教学过程与具体的项目活动充分融合，在教学实践中，整体贯穿少科院的自主组织管理。跨学科项目式活动从活动实践中提炼问题，将之转变为系列活动的多层次实践项目，循序渐进，由浅入深。基于项目的学习采用发现式的学习方式，学生在学习初期就如何解决问题形成假设，提出解决该问题的方案，然后通过各种探究活动以及收集来的资料对所提出的假设进行验证，最后形成解决问题的结论。跨学科项目式活动强调以学生为中心，强调小组合作，要求学生对现实生活中的真实性问题进行探究。

在传统的项目式活动中，由于设备不足、条件有限，学生们往往以旁观者的身份，听着辅导员"一刀切"的教育。学校少科院课程的开设，无疑给每位学生提供了展示自我、提升自我素质的平台，在这个校级平台中，个个都是研究员，人人争创好标兵。现在，学生们可以人人参与手工烹饪，用现代化设备分析营养成分，也可以人人参与制作，用现代化仪器进行抛光、打磨，真正以主体身份参与跨学科项目式活动。学生在少科院的木工教室里，扮演小木匠，穿上木工围裙，戴上护目镜，开展"人人争做小木匠"项目式角色体验活动。在外聘辅导老师的现场指导下，每一个学生都可以从学习"安全使用规则"、了解微型锯床，到画图、切割，亲身体验小木匠的工作全程。

同样的活动主题，传统的项目式活动以视频介绍的方式进行，而在少

科院进行的跨学科项目式活动中，学生可以在特定的环境中拥有沉浸式劳作体验，人人参与活动，体会木匠的辛苦，让学生感受到匠人精神的可贵，养成专注、善于思考的行为习惯。

这可以让学生在跨学科项目活动中体会到责任心。在少科院跨学科项目式活动中，学生还会成立研究团队，以校园所在地为中心，向四周辐射，研究周边的人文环境，探寻研究主题。我们学校临近西湖，项目式活动主题可以以西湖文化为依托，这样比较接近生活实际，同时又有挖掘意义；还可以依托少科院艺术体验部的平台，通过画沙画，演绎人文风采。

值得注意的是，跨学科项目式活动在考核管理中注重的是过程，教师对整个项目实行的前期、中期及后期进行全面监督、记录与评价。在相关的讲解过程中，由教师随机抽取小组成员进行提问，这样可以考查成员是否都积极参与到整个项目实施的过程中。而另一方面则是学生自评、学生互评与教师评价三位一体的评价方式。首先是每个学生在不同阶段对自己的评价，这部分主要是定性评价，可以及时反映出学生的参与程度，同时反馈遇到的一些问题，以方便教师随时进行调整。其次是学生互评，主要是小组成员相互之间的评价。最后由教师在了解整个过程、全面综合各方面情况的基础上对学生的项目式活动给出一定的成绩。通过这样多维度的综合考核评价体系，同时有效地结合定性评价与定量评价的方式，能较好地反映出学生的真实学习过程。通过跨学科项目式活动，将学生被动式接受知识的教学过程，转变成主动自觉的能力培养过程。

学生个体的需要、动机、兴趣、情感、价值观、思维方式等因素都推动着少科院自主管理的实施。动机和兴趣都需要基本的心理基础，是心理需求的延伸。兴趣是人们知道或关心某些活动的积极的心理倾向，建立在需求、认知和活动的基础上，通常是积极的个体行为活动的内在动力需求在未得到满足的时候，精神上的表现和具体的心理倾向，是个人最直接、最具体的心理因素。学生在参与管理的形成的全过程中，各个因素都以不同的方式发挥着不同程度的影响。

对个人而言，心理需求是他们的思想和行为的主要驱动力，这种驱动是从心理驱动器的内部发出的。但从心理学的驱动角度来看，同一时间的原始动力并不仅仅局限于生理范畴，对学生自主管理少科院的形成而言，社会性内驱力是主要的内驱力。同时，个性化的需求很复杂，需要的驱动力要是正面积极的、对于学生自主管理有利的。但是，如果没有理由和控制的意志而形成的以自我为中心，对于自主管理会产生负面影响。

心理学认为，兴趣是一个人的人格倾向，它是个人和具体的刺激物质相互作用的具体情况的结果。兴趣源自人类遗传的禀赋，也来源于人们的后天教育和实践，是主体与客体相互作用的结果。社会心理学认为，人的动机分为内在动机和外在动机。内在动机是来自自身的驱动力，外在动机则是由外在因素引发的，长期而言，内在动机更有优势。心理学的自我决定理论认为人是积极的有机体，并受到个人潜能的驱动，动力源是个人实现自己与生俱来的潜在需求。由此可见兴趣和动机是从内部派生的需求，是心理和精神的内在需要的延伸。

学生参与少科院自主管理的形成，最突出、最直接的影响因素是认同因素，是指直接影响和促进学生对自主管理进行感知理解、分析判断、心理认同、体验内化的影响因素。对影响学生参与少科院自主管理的作用的认识有两个特点。首先，它的作用是直接的。在学生管理的形成的心理过程中，认同因素是对自主管理认识的最直接的影响之一。其次，没有内在动机的驱动，个体对学生自主管理的认识、感受和体验就是被动的、表面的和形式化的。

三、少科院组织管理评价

（一）指导思想

求是少科院将思想道德教育贯穿、渗透在少先队科技活动之中，旨在培养学生的创新精神和实践能力。学校希望通过少科院的活动带动全校科普活动的开展，推进科学思想、科学方法、科学知识、科学精神四位一体的科技教育，提高学生的科技素养和思想道德品质，推进素质教育的全面实施。我们要以少科院为核心，带动、推进全校学生的科技普及活动，建立一整套以大带小、以老带新、以小院长带全体学生的工作模式，在带动、推进的工作上创造新经验。

（二）组织

求是少科院从科学、技术、工程、艺术、数学5个维度创设课程。

少科院的管理团队由名誉院长——小院长——小部长组成，除名誉院长外，其他管理岗位都由学生自荐或通过相关考核产生。

学校安排学科教师为辅导员，与外聘教师搭档，全面负责少科院管理工作，负责落实上课时间，统筹安排与组织协调外出参观、考察、调查等相关活动。

（三）评价原则

1. *发展性原则*。评价要关注学生的全面发展，注重学生发展过程，提高学生综合素质，培养学生创新精神。

2. *过程性原则*。评价要关注学生的成长历程，把日常评价、成长记录与学科模块测试结合起来，把纸笔测试与平时作业、课堂表现、情景测验、行为观察、实验操作等结合起来，实现评价方式多样化。

3. **激励性原则**。评价要最大程度调动学生的积极性，肯定成绩、表彰先进、树立榜样，使学生发扬优点、改正缺点，从而使评价成为激励学生不断发展的动力。

4. **科学性原则**。评价要遵循教育规律与学生身心发展规律，要建立科学的评价体系，运用科学的评价方法，努力获取学生的全面信息，关注学生的个性差异及特长发展，扩大评价的覆盖面。

5. **互动性原则**。评价要突出学生的主体地位，通过交流互动，实现学生自评、学生互评、家长参评和教师评价相结合，实现评价主体的多元化。

（四）"求是小院长"综合评定标准

1. **少科院优秀学员**：凡在少科院的一学年学习中表现优秀的学员，可被评定为"少科院优秀学员"。此项评定和社团优秀学员的评定要求一样，以100%的少科院活动参加率为基本要求。

2. **少科院小部长**：对少科院各部门活动有兴趣的队员都可以积极申报"少科院小部长"，在一学年内参加了校级或区级科技节并获奖的学生会更有优势。

3. **少科院小院长**：能在学校成功举办"小雏鹰科技展"的学生可以申请成为小院长。学校大队部会先组织候选人参加笔试，筛选出70%的人员参加面试，面试由少科院执行院长、各部门负责老师以及部门学生代表担任评委。笔试和面试结合后综合成绩最高的学生，可以当选为"少科院小院长"。

以上人员若无故缺席少科院活动达3次，将被视为自动退出少科院。

（五）评价标准

1. **创新性**：活动内容、过程或方法的设计有创意，整个活动的构思新颖、巧妙，能因地制宜、因校制宜，创造性地开展科技教育活动。

2. **科技性**：符合教育教学规律和教育部课改精神，重在对学生科学素养的培养，从科学思想、科学精神、科学知识和科学方法等方面全面提高学生的素质；能使学生有较强的动手能力和足够的实践空间，能经历科学探索的完整过程；能促使学生思考，活动结果对人类生活、社会发展有促进作用。

3. 趣味性：采用角色模拟的形式，学生能像科学家那样探究自然科学，乐于接受，愿意从事活动。

4. 实践性：具有鲜明的时代特征，能体现当代科技发展方向和教育理念，着重解决现实世界中的真实问题，有较强的可操作性，便于推广普及，并能产生较大的社会影响。

5. 完整性：活动过程完整，实施步骤清晰、具体，各部分内容前后一致、系统配套。

6. 综合性：求是少科院的课程是学校在原有的兴趣小组的基础上，开展的拥有科学、技术、工程、艺术、数学5个维度的综合课程。

7. 人文性：通过课题研究，使学生体验科学探究，认识研究对象的社会价值和经济价值。课题能凸现自然事物的文化功能。

（六）小院长、小部长例会制度

1. 总则

为了推进求是少科院的建设，营造良好的讨论氛围，切实增强小院长和小部长的会议实效，提高队员的自主管理能力和自主决策意识，制定小院长、小部长例会制度。

2. 会议准备

（1）大队辅导员负责通知部分负责老师；小院长负责通知开会时间、落实开会地点，提前到少科院相关场地开门。

（2）参加会议的小院长、小部长和部门负责老师带好会议记录本和笔。

（3）如果需要使用投影仪等设备，由技术研发部的小部长负责准备场地设备，保证会议准时开始。

3. 会议安排

（1）小院长、小部长的例会，原则上为每周二中午 12:20—12:50。

（2）提前一周确定讨论主题，由小院长主持会议，小部长轮流发表观点，部门负责老师提建议，学生管理团队就建议进行再讨论和修改。

（3）每次会议要对上次会议的安排进行汇报，并确定下次会议的内容和方向，保证每次会议有新进展。

（4）小院长和各小部长各自做好会议记录，要求字迹端正、内容翔实，以便存档。

（5）会议后的场地卫生和关灯等事项由学生管理团队成员轮流负责。

4. 会议纪律

（1）会议过程中不能做任何与会议无关的事情，如做作业、看课外书等。

（2）会议过程中每位队员至少发表两次观点，积极参与讨论。

第二节　求是少年创新科学院的管理组织架构

一、"导师制"专家引领

学校聘请浙江大学各领域的学者、教授组成少科院导师团，这是浙大

"强鹰"与求是"雏鹰"的再牵手，是浙江大学与求是教育集团携手的又一新载体。

（一）职能部门式

职能部门式是指少科院的工作依据职能进行专业化的分工，设置职能化的管理和工作团队，开展专业化的管理，各职能机构在自己业务范围内可以向下级下达命令和指示，直接指挥下属开展工作。

在管理模式上，采用职能部门式的组织架构的少科院，管理权力集中、命令统一、信息集中、交流多、控制严密；各级直线管理者都有相应的小组成员作为参谋和助手，因而能够对本部门进行有效管理，以适应少科院工作复杂而细致的特点。每个部门均由部门负责人统一指挥，这样可以实行严格的责任制度。在这种管理模式下，也容易出现一些问题。由于实行多部门领导，妨碍了组织的统一指挥，不利于明确划分职责与职权。因此，职能部门式的组织架构往往和"矩阵式"模式同时展开。"矩阵式"模式是指在少科院工作职能划分的基础上，建立垂直组织架构体系，同时按照少科院特有的研究项目和工作项目建立横向的组织架构。在管理模式上，"矩阵式"具有较强的灵活性，适应性强。两种模式的结合能集思广益，将组织的垂直领导与横向联系有机统一，加强职能部门之间的协同，强化了组织的机动性，能有效培养专业管理队伍。

（二）座谈式

座谈式是指导师、学生及求是教师围坐一堂，由导师进行专家式引领指导。浙江大学的导师努力以高校良好的学风和精神面貌去影响学生，开拓学生视野，让学生发现身边优秀的榜样，让他们真正做到从小学先锋，长大做先锋，将先锋勤奋学习、刻苦钻研的品质带到自己的生活学习中去，好好学习、天天向上，做一名爱探究、爱科学的阳光学子。

作为求是少科院的导师，需要走进学校，积极对学生进行科学教育、自然教育，组织开展科学活动，利用学校少科院开展各种智力竞赛、科学实验和跨学科项目式活动，开展科学知识普及活动，让学生从小就爱科学、学科学，努力提高学生的科学素养，开拓学生的科学视野，培养学生对科学的兴趣，提高他们的科学技能，带领他们编织科学梦、创新梦、强国梦，并为之奋斗，从而达到"教育一个学生、带动一个家庭、影响整个社会"的目的，使学生的综合素质在潜移默化中得到提高。

导师会与求是的老师们无私分享自己的科学研究经历，耐心地为年轻教师答疑解惑，还会与校内年轻的科技辅导员结对，为学校的科技教育培养新生力量、注入新鲜血液。学校今后会建立科学家进课堂的长效机制，也希望导师以后能有更多的机会把求是学子带进自己的重点实验室参观学习，为孩子们搭建更多的探究平台，让求是学子享有更丰富的教育资源。

二、"院长式"自主管理

除了"导师制"专家引领，少科院还成立了由小院长和小部长组成的自主管理团队。

（一）全员分工

根据跨学科项目式活动内容，学生分别担任实验操作员、数据分析员等角色，同时尝试合理轮岗制度，使全体学生能在活动中担任至少一个角色，赋予项目活动发展动力和生命活力。学生采用灵活分组的方法，与探究伙伴，进行个性化探究。如学生可以根据自己的实际情况，自愿搭配伙伴，组织好活动小组。在小组活动中，学生会注重发挥互帮互助的精神，他们有的善于收集资料，有的善于动手探究，有的善于反思记录，分工合作可以发挥他们各自的特长、实现资源共享。

在这样全员分工的创新式实验活动中，数据是学生在合作探究过程中最有力的体现，既能充分展示学生的研究过程，又能指向实证性的研究结果，真正体现科学探究的风采。如某中队选择对校园和小区的垃圾分类情况进行调查研究，他们对校园和小区倒垃圾的时间、垃圾分类的正确率等作了详细调查，一项项数据，凸显出了校园和小区垃圾分类的现状。该中队进而呼吁要重视垃圾分类情况，提高垃圾分类正确率，提倡垃圾减量。

【案例】为中队设计徽章

在3D打印室开展的"我在××中队，我骄傲"跨学科项目式活动，要求每个小队为中队设计一枚徽章。拿到任务后，队员们迅速行动了起来，一个小队里有设计师、画图师、操作打印师、总策划师等角色，每个队员都按自己的角色分工，发挥自己的作用。

【案例】垃圾分类，你我同行

学生在对校园和小区的垃圾分类情况进行调查研究时，先根据个人特长自主结对。同住一个小区的学生负责调研小区垃圾分类情况，对数字较敏感的学生负责汇总和反馈调查问卷的数据，擅长绘画和写作的学生负责制作成果手册，全员分工的探究形式让活动开展更为顺利，更好地凸显了垃圾分类现状，传播了垃圾分类理念。

通过全员分工的方式，学生可以充分发挥自己的优势，推动问题的解决，让跨学科项目式活动始终保持新鲜，赋予项目活动发展动力和生命活力，提高学生自主管理能力。

（二）全程合作

在跨学科项目式活动中，学生要学会相互合作。活动中不同分工的学生，其实都在相互协作和配合。比如，在活动过程中发生一些突发事件，学生能尝试通过合作，用集体力量处理问题，这培养了学生自主解决困难的能力。每个学生要学会欣赏别人的长处，正视自己的不完美，并且愿意付出，努力自我完善。教师要使学生感受到自己作为项目成员的重要性，增强集体凝聚力。教师要以身作则，在少科院项目管理中要坚持一视同仁的原则，不偏爱、纵容部分优等生，不给部分学生以特权，使每个学生感受到平等、公正的少科院文化，聚集少科院的"正气"。

【案例】从头再来的勇气

在小机器人实验室开展跨学科项目式活动时，有一个小队由于最初数据组的数据计算有误差，导致编程失败，小机器人最后没能动起来。项目组成员马上集结找原因，从头开始计算数据，最终成功让小机器人动了起来。活动结束后，辅导员给所有队员都颁了奖章。

每个学生都要全程参与项目活动，在出现问题时可以马上合作解决，使学生感受到自己作为项目成员的重要性。

（三）全情投入

项目活动的形式丰富多样，可以是团队编程、集体制作电子队徽，也可以团队合作制作"校园礼仪提醒机器人"，每一次项目内容都不尽相同，但相同的是都以学生的兴趣为出发点，以贴近学生生活和知识水平为前提，让学生真正享受项目活动，乐在其中，营造和气的项目活动氛围。教师要加强对学生团体合作的感恩教育，以感恩教育为初始，聚集活动"和气"。和气教育不能仅仅局限于学习过程中，还要扩展到生活中的方方面面。这些虽然是一件件小事，但老师要让学生意识到参加跨学科项目式活动要全情投入，学习"助人为乐"的好品质，使整场项目活动中项目成员之间都能和和睦睦、互相帮助，让学生们拥有全情投入的状态。

【案例】制作小小探月器

项目成员共同制作探月轨道，制作过程中，学生一次次拆吸管、调整角度，就是为了让乒乓球落下的时间可以更接近标准时间——15秒，学生既有分工又相互帮助，共同朝着一个目标努力。

三、"争章化"全员参加

（一）建3本记录册，改进过程

少科院的3本记录册指的是问题本、信息本和日记本。

1. 实时记录，一智一集促交流

学生在跨学科项目式活动中遇到动态生成的问题，可以记在问题本上，以便课后交流反思；学生围绕项目式活动收集到的资料，以摘抄小卡片的形式粘贴在本子上，制成信息本，以方便查阅，也可以资源共享；学生可以用循环日记本（就是大家在一个本子上写日记）的方式，把每天的感悟写下来，这样做促进他们在活动时能有感悟、有提高。

2. 准时汇报，一言一语助传播

每个项目组在规定的时间汇报活动成果，将项目组在活动中遇到的问题与其他项目组进行分享，同时传播活动成果和小队团结合作的精神。

3. 及时反馈，一周一聚树榜样

教师通过每周的午间广播，一周一次及时反馈3本记录册的完成情况，表扬记录详细、认真的项目组和活动过程认真的项目组，营造认真、积极的中队生态场舆论氛围，鼓励其他项目组都向优秀项目组看齐，认真开展活动。

（二）评"三章"小雏鹰，激励促进

学生项目活动的自主评价不仅局限于对活动过程及成果的评价，更要关注学生的多维成长。

1. 表格制——红星闪闪"收育章"

"收育"指的是对学生收拾整理物品的能力的训练。求是少科院陈列了很多可供学生自主探索的设备，如未来教室里的天文望远镜、智慧厨房里的现代厨具设备、木工坊里的打磨设备等，都需要学生在活动课程结束后整理好。辅导员列一张收纳管理表格，让学生根据表格里的内容通过自评、互评相结合的形式一项项整理好，争"收育章"。

2. 图章制——领巾高扬"小院长章"

学校每学年会开展一次少科院小院长答辩评比活动。辅导员、学生和家长分别用不同的图章进行评价，小院长们根据获得图章的数量争得"小院长章"。求是少科院借助争章机制，将争章与以少科院为载体的跨学科项目式活动相结合，开展实践性评价，鼓励学生积极参与，并在参与中增强积极进取意识。求是少科院根据不同年级的活动要求设计了小院长争章体系，并根据开展的跨学科项目式活动，设置了系列的小院长特色章章目，每个章目都明确了争章要求，各年级的学生完成该年级的活动，就可以得到相应的特色章。

活动结束后，由负责各项活动的辅导员总结项目的活动情况，对各项目组的表现进行评价，对认真参与活动的学生给予表扬，并进行颁章。通过颁章活动，能激发学生的积极性。通过肯定活动中表现较好的学生，能起到榜样引领的作用。

学校每学年会开展一次少科院评优活动，评优星级分3类："优秀学员章""小部长章""小院长章"。学生通过小院长答辩活动逐级晋升，获得"小院长章"和"小部长章"的学生可以竞选加入少科院管理队伍，担任红领巾宣传员、红领巾讲解员等职务，这样，学生在项目活动结束后也可以发挥自主管理能力。

3. 积分制——队旗飘飘"寻访章"

项目活动开展前，先由中队辅导员向学生说明争章的条件，让学生更加明确活动内容与要求，同时也激励学生更加认真主动地参与到各项活动中，在活动中充分发挥自主性和创造性。每次活动结束后，学生和教师可以对参与活动的学生的表现作积分评价，每学年活动积分总和排名前十的学生可以寻访先锋，获得与中国科学院、中国工程院院士面对面交流的机会，争得"寻访章"。

（三）办"三展"嘉年华，交流共进

为了激发学生参与活动的积极性，求是少科院结合学生的活动，为学生搭建了展示项目成果的平台，也借此对项目的成果进行评价。展示的平台有短期活动后的展示和每学年科技节的作品展示两类。

1. 基于平台，舞动中队展

项目的活动作品可以基于中队这个平台，在教室外面或以中队为单位在学校中心地带进行展示，也可在学校宣传栏、球馆等地方进行展示。如在环保自然笔记活动中，学生在每阶段所做的自然笔记；在种植活动中，学生写好的观察日记；学生制作的绿植保护卡片；等等，这些都可以作为活动成果进行展示。教师鼓励学生课间自主参观交流，让学生有满满的成就感。

2. 依托阵地，联通校园展

学校为学生搭建不同的平台，依托红领巾阵地，如小雏鹰电视台、小雏鹰个展、红领巾广播、红领巾小舞台等，展示活动成果，为队员创设相互学习和交流的氛围，鼓励学生课间、课后自主参观交流。多维的评价形式可以让学生在项目式活动中各有所获，也为学生创设相互学习和交流的氛围，激发学生参与活动的积极性，使其感受活动的乐趣。

3. 借助平台，玩转云端展

借助微信公众号、校园网新闻等媒体平台，将活动成果进行线上推送。线上云端展可以拓宽展示面，向全社会展示学生的项目活动成果，营造学生积极参与项目活动的氛围，提高学生参与活动的积极性。

第三节 求是少年创新科学院的自主管理模式

一、少科院自主管理运行方式

（一）营造浓厚活动氛围，校内、校外相结合

基于少科院的跨学科项目式活动，如下厨房、做木工、种植物、爱鸟护鸟等活动，整合了地域文化元素，为学生创造了动手机会和创新机会，将学生的情感生活、道德生活、社会生活等有机整合到项目活动中，发挥了育人作用。通过活动参与，学生的综合能力得到了有效锻炼。现在，我们完成了预定的研究任务，成功构建了基于少科院跨学科项目式活动，并成为中队的日常项目活动参考，排入日常教育活动中，在节假日开展实践。

在少科院跨学科项目式活动实施过程中，学校项目活动氛围日渐浓厚，少科院已经成为学生最喜欢的少先队阵地之一。在校内，每周二的红领巾社团、每周一和周五的拓展活动课，都是学生开展项目活动的时间。各种类型的小雏鹰个展，更是引来学生的围观，每次小雏鹰个展，学生的参与

热情都很高，活动氛围热烈。

同时，基于少科院的跨学科项目式活动将少先队活动场地由校内延伸到校外，让学生在校外也能感受到跨学科项目式活动的魅力。

（二）构建活动双线管理，自主与辅助共携手

所有基于少科院的跨学科项目式活动，老师均只给予前期指导和过程中的辅助与评价，所有活动策划设计、人员分工安排、活动成果展示、后期评价信息收集反馈等均由学生自主完成。同时，在少科院的建设和管理中，也充分展现了学生的自主学习和管理能力，所有与少科院相关的社团和活动的特色标识、特色雏鹰奖章等均由学生设计绘制。教师则主要给予辅助性的指导和评价。求是少科院真正实现了学生自主和辅导员辅助双线管理的有效结合。

同时，求是少科院在学生自主报名的基础上，通过笔试、面试等选拔学生成立了少科院第一届学生管理团队，由1位小院长和5位小部长组成。

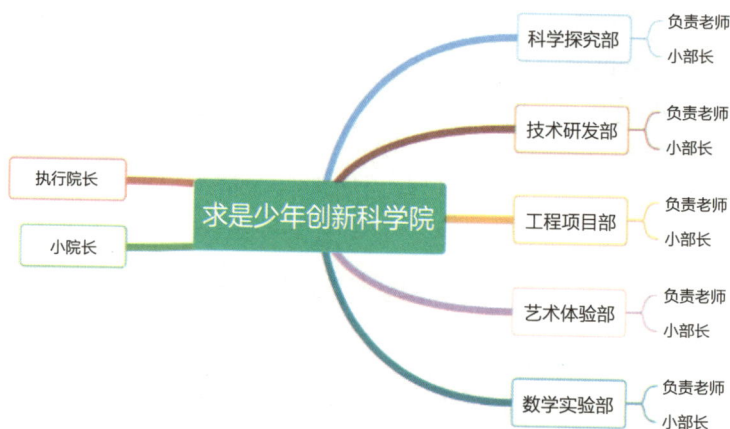

（三）打响活动品牌，线上、线下共开发

学校以少科院为主打品牌着力打造具有学校特色的跨学科项目式活动，

与此相关的《有自信·爱探究·乐健体·善交流——基于求是少科院培育阳光学子核心素养的实践研究》课题被评为浙江省教育教学重点课题，提高了学校教学的整体质量，促进全体学生自主发展，为塑造学校办学特色起到了促进作用。课题实施以来，围绕少科院开展的一系列项目活动，逐渐树立起我校的活动品牌。同时，通过跨学科项目式活动实践基地的建设和管理，学校邀请少科院导师团进校园指导学生开展活动，形成了我校特有的少科院品牌文化，以满足学生发展需求，丰富学校办学资源，凸显学校办学理念。

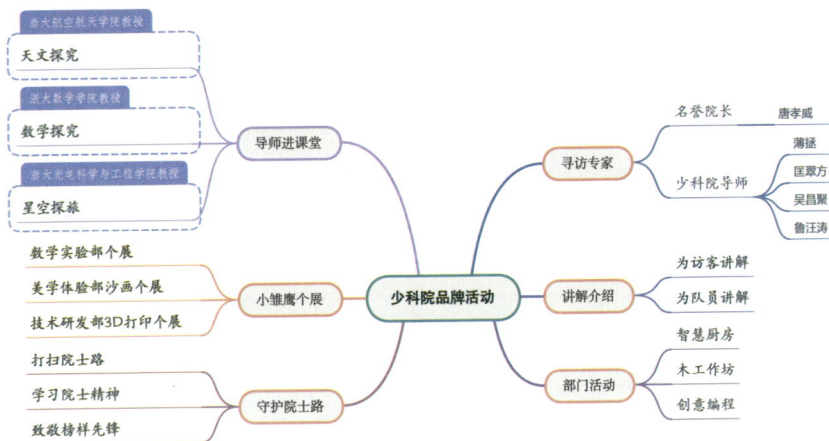

2020年，学校成立了少科院之江分院——中国湿地博物馆螃蟹馆，为少先队活动继续开拓阵地，扩大辐射面，力求开发更多有利于队员发展的活动主题，让更多队员能参与到活动和自主管理中去。

学校以少科院为阵地开展的许多跨学科项目活动都具有创新性，意义深远。中央电视台新闻频道《新闻直播间》栏目，浙江电视台经济频道《中国蓝新闻》，杭州电视台西湖明珠频道《阿六头说新闻》、综

合频道、《新闻60分》,《都市快报》,《杭州日报》,升学宝浙江新闻客户端等纷纷对少科院进行了报道,提高了学校知名度,提升了学校品牌。

第四章

基于求是少年创新科学院平台的
跨学科项目式学习的内容设计

　　培养"有自信·爱探究·乐健体·善交流"、既有民族情怀又有国际视野、既有科学思维又有工程意识、既有理科素养又受文科熏陶的求是阳光学子是学校最终的育人目标。为实现这一目标，求是少科院建立了跨学科项目探究式的实践体系，按照模块化开发了系列课程。

　　科学探究部旨在通过思维激发提升学生的探究力，通过数据分析增强教师的决策力，通过理念转换激发课堂的内驱力。在"自然笔记"课程中，教师引领学生走出校园，用儿童的视角去探索自然。"星空探旅"课程，丰富了学生的天文知识，培养学生的科学素养和创新精神。"智慧农场"课程可完成劳动教育、生命意义的教育；"趣玩实验"课程紧密联系生活实践，培养学生运用科学知识解释生活中的种种奇妙现象。

　　技术研发部的课程是在STEAM教育理念的推广、全国创意智造比赛项目的推动下构建而成的信息化教学课程群，包括"智能天地""趣味编程""创意媒体""创客空间"4门课程。将创意设计思维融入"教与学"的过程，在"创"中学，在"创"中教，激发教师成为创新教育的掌舵人，引导学生成为创新学习的启航者，推动校园成为创新创造的梦工厂。

　　为了培养学生的系统性思维、一丝不苟的工匠精神和理论联系实际的实践能力，提高学生的专注度和自信心，求是少科院设置了工程项目部，内设"小工程师作坊""智慧厨房""模型制作"课程。在这些课程中，学生需要自主发现问题、解决问题，从而深刻理解工匠精神，形成解决问题的方法论，积累工程实践的经验。

艺术体验室部兼顾了项目学习和美育教育的特征，运用项目学习的思维，优选学习内容，优化教学实施，建成立体的艺术素养体系。艺术体验包括"平面设计""沙画天地""童声合唱""快乐舞蹈"4门课程。这些课程的项目式学习让每一个学生在活动中都能深度参与，提升学生的沟通能力、阐释能力、规划与决策能力、表达与创作能力，以及团队合作精神。

数学实验部是基于STEAM理念，在课内所学的基础上进行整合与拓展，采用项目式主题探究的学习方式，选取学生感兴趣的数学游戏、数学现象、实际问题等，引导学生在主题情境中获得沉浸式的学习体验。数学实验部包括"数学游戏""数学探秘""数学博物馆"3门课程。通过这些课程，营造数学研究氛围以打造无界数学探究平台，激发数学探究乐趣以培养求是学子的个性品质，助推项目开发内驱以提升教师队伍专业素养。

——求是少年创新科学院导师 吴昌聚

吴昌聚

浙江大学航空航天学院副教授，博士生导师。

科学探究部

一、科学探究部项目式学习的价值理念

培养"有自信·爱探究·乐健体·善交流"的阳光学子是我校的办学理念，其中"爱探究"是特色。科学探究部是集团少科院下属的5个部门之一，面向所有乐于探究的求是学子。科学探究部是一个内容丰富而新颖的平台，科学探究部里不仅有科学味十足的"趣玩实验"课程，有结合智慧科技的"智慧农场"课程，有仰望与探索共存的"星空探旅"课程，还有走出校园、走进自然进行探旅的"自然笔记"课程。一门门课程建成了有趣的课程网，成为求是学子喜爱的一份存在。

（一）思维激发，提升学生的探究力

科学探究室中存放了各种形式的多功能传感器，我校所用的数字化信息系统实验室（Digital Information System Laboratory）是朗威DISLab实验系统（小学版），是一款针对小学科学新课标课程而设计的新型实验系统，它的传感器基本能满足小学科学领域的所有实验需求。同时，科学探究室里还有各种大小的移动设备，既可以满足小屏幕对点学习，也可以满足大屏幕互动分享。科学探究部的学生每人都配备一台移动终端，在实践探究前，学生可以点对点地和移动终端进行交互，从在移动终端创建的信息对称的学习空间中获取自己所需的答案，了解新的操作方法和学习方法等，

满足自己的个性化需求；在实践中，学生可利用传感器把原先模糊的实验数据变精准，解决之前的困惑，丰富自己的实验数据库；实践后，学生可以用多屏互动式的移动终端，对自己组的实验现象或数据进行介绍。在这种交流模式中，每个小组的数据都会被呈现，学生对大量的数据进行交流、论证，分析探究数据规律，并实现小组内互评、班级内互评。科学探究部课程的全面展开和不断深入，可以提升学生的探究力。

（二）数据分析，增强教师的决策力

在原本的教学课堂中，教师主要通过与学生有限的探索和交流表达等来判断学生的学习情况，由于原始课堂没有很好地做到人人参与表现，所以教师的评价略显片面。在科学探究室中，学生可以通过移动终端，运用各种方式实时与老师联系，进行交流互动，教师可以看得更细，也能更准确地诊断出学生的知识缺陷，深入学生们的疑惑点进行教学。同时基于科学探究室里的现代化设备，教师能够更好地诊断评价学生的课堂学习效果，还可以根据每位学生的课堂表现和学习效果有针对性地布置练习题。

随着科学探究部教学的逐步深入，数据开始贯穿课前、课中与课后的教学全流程，可以增强教师的决策力。

（三）理念转换，激发课堂的内驱力

传统课堂的中心通常是教师，而在科学探究部的教学中，教师可以通过学生移动终端中的数据关注到不同学生的认知差异，教师以学生为中心，不同的学生有不同的教学信息，所有学生均可大胆发出自己的声音。教学的精准性和教学效益逐步提升，教学变得更为智能。

科学探究教学打破了传统的课堂时间限制。同学们在科学探究部中学习，课前可以进行人机交互，了解新鲜的知识；课后可以随时查看自己的数据，教师也会根据学生的差异表现给出精准化的评价和辅导，甚至通过项目式的学习方式实现课前课后的拓展延伸，课堂的边界变得模糊。关于课堂的理念不断转换，科学探究部的发展可以激发课堂的内驱力。

二、科学探究部项目式学习的框架设计

求是少科院的科学探究部下属有"自然笔记"、"星空探旅"、"智慧农场"和"趣玩实验"4门课程，具体框架图如下：

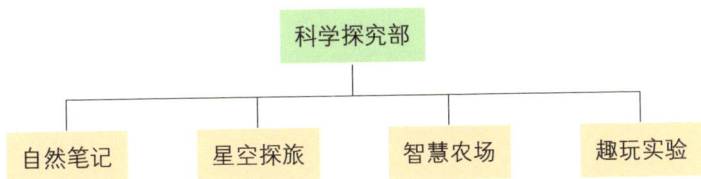

```
                    科学探究部
       ┌──────────┬──────────┬──────────┐
    自然笔记      星空探旅      智慧农场      趣玩实验
```

（一）自然笔记

我校有良好的自然和人文基础，教师会引领求是学子走出校园，但又围绕校园，寻找更多资源，从而更加关心求是、热爱求是，关心自然、热爱自然。通过一次次的活动，学生能逐渐形成良好的探究意识和能力。自然始于观察，让学生积极走进自然，从身边开始，从喜欢的自然物开始，从简单线条开始；用眼睛看四季色彩，用耳朵听树叶飘落，用双手摸岁月轮回。当学生以绘画、日记等形式记录自然变化，为大自然留下一份"时光档案"时，春暖花开、夏雷骤雨、落英缤纷和漫天飘雪……大自然四季的更迭，在他们眼中会变得更有意义。大自然是最美的教室，体验是最快乐的学习，愿学生在这样的学习中快乐成长。

（二）星空探旅

"星空探旅"课程，是一门综合性的实践活动类拓展项目式课程，涵盖1～6年级，具备项目性、自主性、合作性、实践性、开放性的特点。本

课程针对不同的年段，每学期都会推出3个不同的项目，涵盖了宇宙、探索星空的工具、地月系、太阳系、璀璨星空等，从小到大，以"旅"贯之，以丰富同学的业余生活，助其学习初级的天文知识，有利于全面实施素质教育，大力开展天文科学知识普及活动。"星空探旅"课程培养了同学们的创新精神和实践能力，提高了学生的科学素养和科技实践能力，为培养创新型人才打好基础。

（三）智慧农场

为了更好地开展生命教育，全面推进绿色质量教育，培育学生的个性特长，我校开展了"智慧农场"拓展课程。"智慧农场"课程主要引导学生以完成一份记录详细、真实且生动有创意的自然笔记为任务，经历研究土壤、种植植物、进行植物生长笔记记录等一系列有结构的、层层递进的课程项目。学生通过本课程的学习能体会到种植的乐趣，学会植物的养护方法，养成细心观察、坚持记录的好习惯，在提高能力的同时增强生命意识、责任意识和环保意识。

（四）趣玩实验

"趣玩实验"课程包含了3大板块，生活实践部分要求学生动手进行一些制作棉花糖、爆米花的活动；信息技术部分会将一些科学知识与信息技术紧密结合；设计制作部分会让学生通过设计、交流、实施、评价等环节进行实物制作。该课程能使学生掌握科学基础知识，培养学生的动手操作能力和团队意识，为其以后的科学学习奠定基础。

三、科学探究部项目式学习的内容建构

（一）指导思想

面向有特长、爱探究的求是学子，以提高学生的科学探究能力为目标。在项目式学习中，保持学生对事物的好奇心和求知欲，发展学生的学习能力、思维能力、实践能力和创新能力，以及用科学语言与他人交流和沟通的能力。

（二）课程目标

1. 玩转传感器，多操作选择强化搜集能力

科学探究室里的传感器种类繁多，基本满足小学阶段科学课程的需求。科学探究部尝试为孩子提供各种精密的传感器，让他们的探究操作多了一些选择的空间，优化学生实验探究过程，从而提升学生搜集证据的能力。

2. 用移动终端，多交流形式提升交流能力

科学探究室里有大大小小、数量较多的移动互动终端，可以让交流模式从原有单一的教师对学生，转化为学生对学生、学生对教师、小组对小组等，还能扩充交流组数，丰富学生的科学探究交流形式，提升学生交流表达的能力。

3. 借力浙江大学，多教学资源增强综合能力

科学探究部不仅拥有浙江大学的教学仪器资源，例如望远镜、显微镜、录播系统、移动终端等较为先进的仪器，还依托浙大导师团的智力及浙江大学的校园资源，搭建有趣的线下和线上科学探究平台，让学生运用丰富的资源观测星空、研究细胞、规范操作，提升学生主动利用仪器进行科学探究、综合实践的能力。

（三）课程内容

科学探究部的4门课程面向热爱科学探究的同学，进行分段式（低段、中段、高段）的养成教育。

1."自然笔记"课程内容体系

"自然笔记"面向1～6年级的学生，给爱好探索校园、探索自然、探索人文景观的学生提供了探索平台，以下是自然笔记课程的内容体系。

科学探究部之"自然笔记"低段（一、二年级）课程内容体系

项目	活动内容	产品呈现
走进大自然	趣味自然探秘	花草树木专题自然笔记
	神奇的树皮	
	昆虫备忘录	
	探寻"莫奈花园"	
茶文化探秘	茶文化知多少	茶文化探究自然笔记
	感受茶青芬芳	
	体验茶香四溢	
	呵护茶树成长	
植物旅行记	自然界中的"神奇植物"	自然探秘的笔记成果
	种子的旅行	
	树叶小拼图	
	草环小制作	
核心内容：初步了解身边的植物世界，制作简单自然笔记		

科学探究部之"自然笔记"中段（三、四年级）课程内容体系

项目	活动内容	产品呈现
小小茶农养成记	小小茶农养成准备	采茶小报，小茶农课题调查报告、视频、实物展示，品茗
	小小茶农养成体验	
	小小茶农养成总结	
	小小茶农养成展示	
"微盆景"进课堂	"微盆景"进课堂	"微盆景"制作成果展示
	"微盆景"交流	
	"微盆景"制作	
	"微盆景"展示	
探寻"玉泉鱼跃"	探寻"玉泉鱼跃"	"玉泉鱼跃"自然笔记
	"玉泉鱼跃"体验	
	"玉泉鱼跃"交流	
	"玉泉鱼跃"调查成果展示	

核心内容：走出校园，尝试进行调查

科学探究部之"自然笔记"高段（五、六年级）课程内容体系

项目	活动内容	产品呈现
自然大探索	奇妙的蘑菇	手作自然标本、画框等探究成果
	自然博物馆	
	种子的生存奇招	
	草地调查员	
挑战者联盟	昆虫特工队	自然探究专题笔记
	鸟类小达人	
	湿地小侦探	
	植物旅行家	

续表

项目	活动内容	产品呈现
植物寻根	光影大师	图文并茂的自然笔记
	冬日自然	
	花开花谢	
	你不知道的树	

核心内容：走出校园，深入研究植物和鸟类，完成自然笔记

2. "星空探旅"课程内容体系

"星空探旅"课程面向 1～6 年级热爱星空、对地球及宇宙感兴趣的学生。在这里，同学们可以在老师的组织下，了解宇宙的"前世今生"，并且锻炼使用望远镜真实探星的能力。以下是星空探旅课程的内容体系。

科学探究部之"星空探旅"低段（一、二年级）课程内容体系

项目	活动内容	产品呈现
宇宙知识我知道	宇宙知识探索立项	宇宙知识小报
	宇宙的起源	
	宇宙的组成	
	成果交流大会	
地球知识我知道	地球知识探索立项	地球知识小报
	地球的"前世"	
	地球的"今生"	
	成果交流大会	
天文学简史	天文学探索立项	天文学简史小报
	天文学的由来	
	天文学的发展	
	成果交流大会	

核心内容：初步了解天文学、宇宙、地球的知识

科学探究部之"星空探旅"中段（三、四年级）课程内容体系

项目	活动内容	产品呈现
星体知识我知道	星体探索立项	星体知识小报
	大星体知识	
	小星体知识	
	成果交流大会	
神奇天体我知道	神奇天体探索立项	神奇天体知识小报
	黑洞知识	
	白洞知识	
	成果交流大会	
研究望远镜	望远镜探索立项	望远镜使用手册
	望远镜的认识	
	望远镜的使用	
	成果交流大会	
核心内容：了解神秘的天体，尝试使用望远镜进行探索		

科学探究部之"星空探旅"高段（五、六年级）课程内容体系

项目	活动内容	产品呈现
探索地月小秘密	地月小秘密探索立项	地月模型
	地球之旅	
	月球之旅	
	成果交流大会	
探索太阳系	太阳系探索立项	太阳系模型
	太阳之旅	
	行星之旅	
	成果交流大会	

续表

项目	活动内容	产品呈现
探索璀璨星空	星空探索立项	星空模型
	星座之旅	
	星系之旅	
	成果交流大会	

核心内容：由小到大，获得从地球到太阳系、再到河外星系的系统化认知

3. "智慧农场"课程内容体系

"智慧农场"课程面向1～6年级热爱自然、热爱种植、热爱劳动研究的学生。在智慧农场中，同学们可以亲自动手，在实践中接受生命教育，了解科学技术对人类生活的帮助。以下是"智慧农场"课程的内容体系。

科学探究部之"智慧农场"低段（一、二年级）课程内容体系

项目	活动内容	产品呈现
研究土壤	观察土壤	配制的土壤
	认识土壤成分	
	配备营养丰富的土壤	
	介绍自己小组配制的土壤	
种植鸡毛菜	观察种子	鸡毛菜
	调查鸡毛菜的习性和特点	
	种植鸡毛菜	
	照顾植物	
做自然笔记	设计观察记录表	自然笔记
	记录鸡毛菜的生长	
	做自然笔记	
	展示自然笔记	

核心内容：初步认识土壤，尝试种植鸡毛菜

科学探究部之"智慧农场"中段（三、四年级）课程内容体系

项目	活动内容	产品呈现
研究土壤	观察土壤、认识土壤成分	配制的土壤
	检测土壤成分	
	配备营养丰富的土壤	
	介绍自己小组配制的土壤	
种植凤仙花	观察种子	凤仙花
	调查凤仙花的习性和特点	
	种植凤仙花	
	照顾植物	
做自然笔记	设计观察记录表	自然笔记
	记录凤仙花的生长	
	做自然笔记	
	展示自然笔记	

核心内容：深入研究土壤，尝试种植凤仙花

科学探究部之"智慧农场"高段（五、六年级）课程内容体系

项目	活动内容	产品呈现
研究土壤	观察土壤、认识土壤成分	配制的土壤
	检测土壤成分	
	检测土壤酸碱度	
	配制营养丰富的土壤并介绍	
种植萝卜	观察种子、调查萝卜的习性和特点	萝卜
	种植萝卜	
	照顾植物	
	给萝卜分苗、移栽	

续表

项目	活动内容	产品呈现
做自然笔记	设计观察记录表	自然笔记
	记录萝卜的生长	
	做自然笔记	
	展示自然笔记	

核心内容：持续研究土壤，尝试种植萝卜

4."趣玩实验"课程内容体系

"趣玩实验"课程面向1～6年级热爱动手探究操作的学生。这是一门非常受学生喜欢的课程，同学们在这里经历观察、设计、研究、制作等过程，增强了自我研究的能力。以下是"趣玩实验"课程的内容体系。

科学探究部之"趣玩实验"低段（一、二年级）课程内容体系

项目	活动内容	产品呈现
生活实践	认识棉花糖机	单色棉花糖
	棉花糖制作的原理	
	棉花糖制作的步骤	
	棉花糖制作的技巧和注意事项	
信息技术	了解人体探秘APP	人体探秘APP使用说明
	使用人体探秘APP	
	借助人体探秘APP解决问题	
	交流人体探秘APP的应用	
设计制作	认识声音的高低与强弱	自制小乐器
	设计"我的小乐器"	
	制作"我的小乐器"	
	评价"我的小乐器"	

核心内容：初步尝试科学的观察和制作，了解棉花机、人体探秘APP和小乐器

科学探究部之"趣玩实验"中段（三、四年级）课程内容体系

项目	活动内容	产品呈现
生活实践	认识棉花糖机	复色棉花糖
	棉花糖制作的原理	
	棉花糖制作的步骤	
	棉花糖制作的技巧和注意事项	
信息技术	了解烧杯APP	烧杯APP使用说明
	使用烧杯APP	
	借助烧杯APP解决问题	
	交流烧杯APP的应用	
设计制作	了解机械手的原理	自制机械手
	设计"我的机械手"	
	制作"我的机械手"	
	评价"我的机械手"	

核心内容：深入了解棉花机、烧杯APP和机械手

科学探究部之"趣玩实验"高段（五、六年级）课程内容体系

项目	活动内容	产品呈现
生活实践	认识棉花糖机	花式棉花糖
	棉花糖制作的原理	
	棉花糖制作的步骤	
	棉花糖制作的技巧和注意事项	
信息技术	了解维萨里3D解剖软件	维萨里3D解剖软件使用说明
	使用维萨里3D解剖软件	
	借助维萨里3D解剖软件解决问题	
	交流维萨里3D解剖软件的应用体验	

续表

项目	活动内容	产品呈现
设计制作	了解垃圾桶的现状与实际需求	防疫垃圾桶
	设计防疫垃圾桶	
	制作防疫垃圾桶	
	评价防疫垃圾桶	
核心内容：持续了解棉花机、维萨里3D解剖软件和防疫垃圾桶		

5. 科学探究部导师课程内容体系

在科学探究部，最受学生喜欢的是额外的导师课程。求是少科院聘请了各学科权威的专家作为我们的特聘导师，导师们每个学期都会进入课堂给学生上课。导师课允许学生混班学习。以下是科学探究部导师高段课程的内容体系。

科学探究部之导师高段（五、六年级）课程内容体系

项目	活动内容	产品呈现
宏观世界	宇宙的中心在哪里	制作宏观宇宙的科学小报
	宇宙的未来会怎样	
	宇宙的照片怎么拍	
微观世界	细胞的核心在哪里	制作微观细胞的科学小报
	核内结构	
	动物的脑电波	
	微观的照片怎么拍	
光影成像	什么是光影成像	制作光影成像技术的科学小报
	光影成像技术和生活	
核心内容：了解光影成像与宏观、微观世界研究的关系，了解科学在生活中的重要作用		

第二节 # 技术研发部

一、技术研发部项目式学习的价值理念

在STEAM教育理念在全国推广、全国创意智造比赛项目蓬勃发展的背景下，信息化教学课程项目群组不断发展。信息化教学课程项目群组也称为技术研发部，属于求是少科院下的5个部门之一。该部门不仅提供物理实验操作的空间，更提供了学生学习技能、发挥想象、汇聚创新、分享成果的校园创新平台。基于技术研发部开发的指向创新设计思维的一系列课程，让松散的物理教学空间、孤立的课程学习，通过相关主题的开发，融合成适合学生开展创新设计的平台。

（一）激发教师成为创新教育的开拓者

技术研发部课程的主体性开发，结合融合性主题推进，充分挖掘了儿童感兴趣的实践性内容和课程资源，本着培育创新设计思维的目的，鼓励学生形成自我导向式学习，帮助学生养成自我学习的习惯。在教育资源层面，学校从团队建设、空间建设、项目建设与教学研究4个方面进行资源重组和建设，为智创教育的实施提供硬件与软件的双重保障。智创教育教师团队主要有以下两条发展路径：一是核心成员通过自学掌握专业知识，通过不同专业教师之间的互学实现跨界学习；二是包括核心成员在内的各学科教师开展跨学科学习。同时，学校还通过国际课堂节等活动，引进外

部资源，邀请国内外名校的专家共同探讨智创教育的核心理念及实施对策。创新项目的实施，开启了教师成长的新契机。

将创意设计思维融入"教与学"的过程，在"创"中学，在"创"中教，激发教师的研究和实践热情。打破传统社团教学的局限性，在智创教学中，让学生成为课堂的中心，学习环境也更加松散自由。教师既是调节者，也是辅助者，引导学生脑洞大开，调动学生的思维，引导和鼓励学生发挥创新设计思维，成为融合教学的开拓者。

（二）引导学生成为创新学习的实践者

通过多种方法引导学生进行观察、思考，让学生通过动手实践将创意转变为现实，在实践过程中提升思考能力和动手能力；让学生同步了解和掌握相应的信息技术，通过创新教育激发其求知欲，促进其学习兴趣的产生。

通过对实践活动的量分来评价学生实践潜能的开发程度，通过创新思维专项测试来评价学生创新思维的流畅性、变通性、精确性和独立性，注重对个性心理、特长的评价。学生个性心理对创新性思维的培养有重大影响，技术研发部旨在培养学生良好的心理素质和意志品质，为学生创造性的学习提供相对自由的环境。通过推行多元评价机制，学生的创新学习、综合素质得到全面的发展。

（三）促进校园成为创新创造的梦工厂

以教研组长为课程开发的项目负责人，组织组内教师分析个人特长及兴趣，采取主动申报的形式收集将要开设的技术研发部的课程活动内容。在此基础上结合学生的需要及其年龄特征进行筛选，形成了具有本校特色的技术研发部校本课程内容。任课教师要认真制订课程实施方案，明确指导思想、教学目标、内容框架（包括内容结构、具体安排、学习材料和工具等），教学与评价要求等，形成相对完整的校园智创体系。创新设计主体、创新基础空间和设施、创新设计主题、校内外活动等要素共同组成了技术研发部平台。通过平台搭建，打造完整的创新体系，进一步激发学生创新设计思维，促进其创新能力的养成。在智创教育理念的指导下，我们将原本分散的编程活动、机器人教学、3D打印设计等多学科课程整合优化成一个新的整体，推进求是少科院这一特色项目的发展。

近两年，国内创客比赛发展迅速，氛围渐浓。区里也组织教师交流创客教育实施经验。近年来，我校创客教育实践成效显著。从2016年开始，我校连续在杭州市中小学生科技节创客大赛中取得好成绩，机器人比赛、智能小车比赛、学生智造比赛、师生创意编程比赛、3D打印笔创意创作比赛等赛事广受学生喜爱。学校依托少科院建设，进行技术研发部项目化教学，开展创客教育普及性工作，让更多的学生爱上创造、爱上创新。

二、技术研发部项目式学习的框架设计

少科院技术研发部一共设有4门课程，分别是"智能天地""趣味编程""创意媒体"和"创客空间"。4门课程之间既有独立的学习项目，又有相互合作的项目学习群，以下是求少科院技术研发部课程框架图：

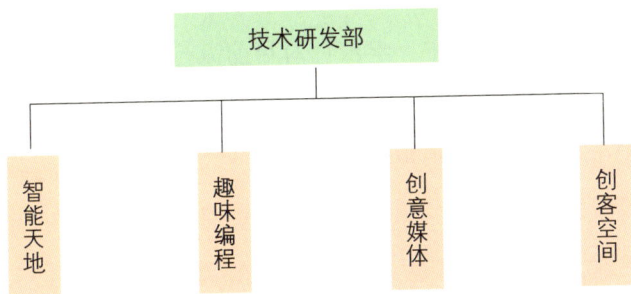

（一）智能天地

在"智能天地"课程中，同学们可以利用乐高零件自主设计搭建机器人，用乐高EV3展开编程学习，让机器人完成指定动作。同时学校还会从"智能天地"的学习成员中择优参加市、区机器人比赛。学校还为一、二年级开设Sphero机器人班，为五、六年级开设"创意无人机"和"仿生机器人"课。

（二）趣味编程

在求是少科院里，学校还开设了"趣味编程"课程。这门课程是以培养学生计算思维能力、创造能力、探究能力为宗旨，以实现"学习与生活融合，解决现实问题"为目标，以培养学生的自主学习、探究创造为指向的一门跨学科实践性课程。本课程的教学内容根据学生的年龄特点及能力差异，程序设计由简单到复杂，针对一、二年级的学生，开设在iPad端的Scratch编程教学；针对三、四年级的学生，开设高级Scratch编程课；针对五、六年级的学生，开设高级编程语言班，比如Python编程。课程教学逐步递进，符合儿童学习由浅入深的认知规律，有效激发其探究欲望。通过本课程的学习，学生掌握了编程的基本技能。

（三）创意媒体

在"创意媒体"课程中，学校针对目前流行的媒体传播方式，开设了视频制作课，培养新媒体达人和平面设计小能手。学校通过"创意媒体"课程培养学生创意设计、影视传播的能力，同学们以媒体为载体，锻炼自己的创意思维和交流能力。学校还在校园里通过文化会展的方式让学生进行交流和展示，锻炼了大家的合作、批判和不断改进的能力。

（四）创客空间

"创客空间"课程主要以软件编程为基础，通过编程思维和编程语言的教学，培养学生具备适应未来需求的信息素养。课程紧跟素质教育理念，旨在对学生进行3D打印的启蒙教育，希望通过此课程实现学生的全面发展和个性发展，培养学生的创新能力和实践能力。课程从生活中的物体、现场入手，通过基础3D打印操作教学和一系列简单的几何体的延伸教学，再回归生活，引导学生发挥想象，鼓励学生亲自动手设计一些简单的物件。通过学习—设计—创作，让学生对3D打印技术有更进一步的了解，让学生在参与此课程的学习中认识3D打印、爱上3D设计，创意造物，体会将自己的想法变成现实的乐趣，开发学生的创新创造能力。

三、技术研发部项目式学习的内容建构

（一）指导思想

在求是少科院的技术研发部，我们基于情境导向和个性成长进行项目设计和教学，基于STEAM理念，构建了以项目式学习为主要学习方式，以小组合作为主要形式，在情境中教学，关注孩子身边的真实问题，以创客项目牵引"创客空间"社团群的应用。作为一个相对完善的"创客空间"项目课程群，它不是单一的实验室或者木工坊，而是围绕建模、机器人、木工等多种多样的创客项目展开活动，以满足学生不同的创造需求。

创设学生感兴趣的情境，根据学生的年龄特点，找符合学生口味的内容和形式来创设情境。技术研发部的项目群要体现多学科的整合和多维度的学习目标。因此，本部门课程力图将创意与现实生活相融合，激发学生学习生活中的创意，促进学生的想象力、创造力及解决问题的能力的发展，

增强学生的批判精神，培养其通过跨学科来解决实际问题的意识。

（二）课程目标

1. 借助技术研发空间、平台，构建校园智创体系

创新设计主体、创新基础空间和设施、创新设计主题、校内外活动等要素共同组成了求是少科院技术研发部的"智创空间"平台。学校通过平台搭建，打造了完整的创新体系，进一步激发学生创新设计思维，促进其创造能力的养成。

2. 通过技术研发项目的实施，开拓教师成长渠道

在教育资源层面，学校从团队建设、空间建设、项目建设与教学研究4个方面进行资源重组和建设，为智创教育的实施提供硬件与软件的双重保障。同时，学校还通过"国际课堂节"等活动，引进外部资源，邀请国内外名校专家共同探讨智创教育的核心理念及实施对策。学校通过创新项目的实施，开启教师成长的新契机；通过技术研发项目的实施，将STEAM理念融入项目群活动当中，将原本分散的拓展内容自然组合，形成整体，促使教师在课程的研究、开发、实施和评价的整个过程中进行教育研究。

对技术研发部门项目式学习的研究，让教师更善于成为活动中的引导者，了解学生在个性方面的差异，为其之后对学生进行针对性的指导奠定基础；并让学生在逐步探索的过程中发挥学习的主体性作用。

3. 利用技术研发评价体系，培养学生创新思维

科学的评价体系是培育学生创新能力的重要保证。我们从学生平时的学习效果、活动表现、个性心理及特长等方面进行综合评价，发挥评价的检测功能、导向功能、激励功能，让学生的创新学习、综合素质得到全面提高。

求是少科院技术研发部下"智创空间"课程的主体性开发，结合融合性主题，充分挖掘儿童感兴趣的实践性内容，充分挖掘课程资源，本着培

育创新设计思维的目的鼓励学生形成自我导向式学习模式，帮助学生养成自我学习的习惯，培养学生的创新思维能力。

（三）课程内容

求是少科院技术研发部的4门课程面向热爱技术的所有同学，进行分段式（低段、中段、高段）的项目式学习。

1."智能天地"课程内容体系

"智能天地"课程面向1～6年级的学生，让喜欢机器人的学生和在编程方面有特长的学生，都有施展自己才华的天地。以下是"智能天地"课程的内容体系。

技术研发部之"智能天地"低段（一、二年级）课程内容体系

项目	活动内容	产品呈现
认识新朋友	学习什么是机器人	旋转陀螺
	机器人3大定律	
	认识零件	
	学习"汉堡包"结构	
有趣的连接器	认识三角形和四边形	塔
	搭建三角形	
	搭建四边形	
	对比三角形和四边形的特点	
指尖上的杠杆	讲解阿基米德	跷跷板
	支点	
	搭建跷跷板	
	3种杠杆	

核心内容：围绕工程结构和机械动力，结合科学课程里的力学和物理知识进行学习

技术研发部之"智能天地"中段(三、四年级)课程内容体系

项目	活动内容	产品呈现
水灾大逃亡(一)	介绍自然灾害	水闸
	设计防范自然灾害的装置	
	学习程序链	
	Home 的基本使用	
水灾大逃亡(二)	了解桥	开合桥
	认识倾斜传感器	
	传感器的检测范围	
	传感器的工作原理	
水灾大逃亡(三)	搭建基础小车	遥控车
	双马达的转弯	
	讲解对称	
	平板遥控	
核心内容:运用机器人基础课程实现编程控制		

技术研发部之"智能天地"高段(五、六年级)课程内容体系

项目	活动内容	产品呈现
队伍集结	认识机器人	旋转陀螺
	讲解乐高EV3套装	
	讲解乐高EV3主机	
	学习乐高EV3程序模块	
星球巡航	复习大型电机	小车巡航
	角度测量	
	学习移动转向	
	学习移动槽	

智能避障	认识坦克	坦克转弯
	转弯方式	
	认识触动传感器	
	感受触动传感器的3种状态	

核心内容：结合机器人竞赛项目要求，设计PBL项目模式

2. "趣味编程"课程内容体系

"趣味编程"课程是非常受学生喜欢的一门课程，我们同样根据学生的年龄特点，进行分层教学。在这里同学们自主探究、自由组合、互相交流，提高自己和团队的开发能力。以下是高段学生的"趣味编程"课程的内容体系。

技术研发部之"Scratch编程"高段（五、六年级）课程内容体系

项目	活动内容	产品呈现
太空旅游	学习"如果……那么……"分支结构	太空旅游程序
	"移到鼠标指针"和"面向鼠标指针"设置	
	循环结构	
垃圾分类	"碰到"和"隐藏"设置	垃圾分类程序
	"克隆"功能	
	循环、嵌套结构	
诗词大会	"如果……那么……否则"双分支结构	诗词大会程序
	变量、列表概念	
	随机数和变量累进	
	"*&*"嵌套连接	

核心内容：学会各种程序的设计

3."创意媒体"课程内容体系

在"创意媒体"课上，学校针对目前流行的媒体传播方式，开设视频制作课等，培养新媒体达人和平面设计小能手。以下是创意媒体课程的内容体系。

技术研发部之"创意媒体"低段（一、二年级）课程内容体系

项目	活动内容	产品呈现
认识摄影	摄影入门	一张照片（自定）
	构图	
	摄影实操	
	小组讨论展示	
认识电影	电影观看（动画电影）	一部动画短片（自选）
	了解电影基本原理	
	学习动画制作	
	小组讨论展示	
认识摄像	摄像入门	一部记录短片（校园）
	构图与拍摄	
	摄像实操	
	小组讨论展示	
核心内容：围绕电视、电影等，讲解相关知识内容		

技术研发部之"创意媒体"中段（三、四年级）课程内容体系

项目	活动内容	产品呈现
认识摄像	摄像入门	一幅作品
	构图与拍摄	
	摄像实操	
	小组讨论展示	

项目	活动内容	产品呈现
采访的拍摄与制作	采访短片的理论与实践	一段采访短片
	采访拍摄分组实践	
	课堂展示小组作业、总结发现问题	
	采访短片的理论与实践	
动画片的拍摄与制作	动画片的制作与呈现（播映动画片）	一部动画短片
	动画片的原理、起源与发展	
	动画制作分组实践	
	课堂展示小组作业、讲解创作心得	
核心内容：介绍摄像相关内容并进行拍摄实操训练		

技术研发部之"创意媒体"高段（五、六年级）课程内容体系

项目	活动内容	产品呈现
广告制作	广告制作的理论与实践	一部广告片
	广告拍摄分组实践	
	课堂展示小组作业、同学讲解创作心得	
互动视频与游戏	互动视频与游戏体验	一个游戏剧本
	游戏制作原理	
	互动视频知识	
	游戏制作与入门	
AI与创意媒体	认识AI	一份创意策划
	AI在媒体中的应用	
	虚拟偶像制作	
	全息投影技术	
核心内容：了解广告、游戏的制作，以及AI技术的应用		

4. "创客空间"课程内容体系

在"创客空间"课程中，同学们可以学习制作课桌椅、笔筒、花瓶、名牌等，并深入学习3D打印技术，发展立体空间思维和动手操作能力。在"创客空间"课程上，学校还增设了创客机床，新增了创意制造小组，为培养求是小创客开拓更多的路径，以下是高段学生的"创客空间"课程的内容体系。

技术研发部之"创客空间"高段（五、六年级）课程内容体系

目 项	活动内容	产品呈现
优雅的花瓶	3D打印技术和课堂工具介绍	个性化花瓶
	牛刀小试之建模初探	
	学习花瓶模型制作	
	用MPrint软件进行切片操作	
奇趣水杯	了解三角形的稳定性	个性化水杯
	三维建模	
	创新、绘制草图、打印	
	新品发布会	
爱的礼物	在作业纸上画出梳子草图	个性化梳子
	三维建模	
	创意设计课	
	活动展示	

核心内容：深入学习3D打印、发展立体思维和动手操作能力

5. 技术研发部导师课程内容体系

在技术研发部，也有深受学生喜欢的导师课程，求是少科院聘请了技术方面的权威专家作为我们的特聘导师，导师们每个学期都会进入课堂为同学们上课，导师课允许学生混班学习，以下是技术研发部高段导师课程

内容体系。

技术研发部之导师高段（五、六年级）课程内容体系

项目	活动内容	产品呈现
载人航天工程	航天工程与生活	模拟建造发射场
	中国航天发射场	
	卫星太阳能帆板	
探月工程	探月技术	探月工程小报
	"神舟"系列载人飞船	
	空间站	
	探月工程	
北斗导航系统	为什么要建设北斗导航系统	卫星导航技术交流会
	建设北斗导航系统的启示	

核心内容：了解航天技术，以及航天技术在生活中的重要作用

第三节　工程项目部

一、工程项目部项目式学习的价值理念

工程项目部项目式学习以培养学生实践操作能力、创造能力、探究能力为宗旨，以实现"学习与生活融合，传统与现代联结"为目标。在课程

改革理念的支撑下，培养学生综合实践素养，以合作探究为主线，关注学生的实践体验，满足学生个性发展的需求。同时，运用智能化的教学设备，在学生实践操作时配以相应的视频指导，让学生自主发现并尝试解决问题，从中积累经验，加深对自我能动性的认识和体验。加强创新设计教学，引导学生在做中学、在学中做，在活动中综合运用所学知识和技能，获得多方面的直接体验，培养学生的实践能力和创新意识，切实提高学生对未来社会生活的适应能力。

（一）通过驱动性问题设定，助力学生乐学善学

工程项目部里都是极具挑战性的项目式学习，其中的驱动性问题能够激发学生学习的兴趣和主观能动性。该项目具有认知负荷，需要学生通过各自的努力和相互的合作，去解决问题，该项目能助力学生乐学善学。

（二）通过开放型目标设定，激发学生探究能力和兴趣

在工程项目部中，学生是项目式工程开发的主体，在开发的过程中虽然主工程是统一的，但是学生可以自主选择项目主题，确定开发方法，在实践体验中总结创新。这样的开放型目标设定能够促进学生大脑的发展，促进其知识、能力与态度的整合，从而唤醒学习者勇于探究的自由心智，激发其的探究兴趣。

（三）通过项目式学习活动，培养学生核心素养

工程项目部的项目式学习是一种基于工程任务，聚焦学生体验与表达的学习。在项目式学习中，围绕一项工程，学生在经历"提出驱动性问题、梳理建构学科知识、合作探究解决问题、合作汇报研究历程"的过程中，改变学习方式，提升学习能力，培养核心素养。

二、工程项目部项目式学习的框架设计

围绕求是少科院"爱探究"的育人目标，基于STEAM教育理念，我们将木工、智慧厨房、模型制作融入解决工程问题的项目式学习中，具体框架图如下：

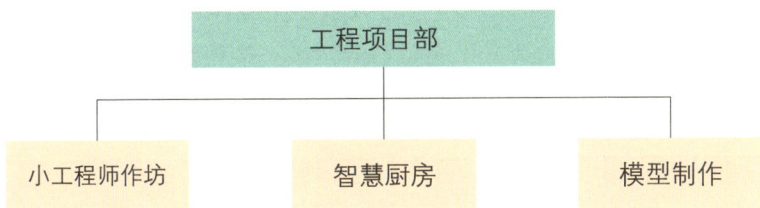

```
                        工程项目部

      小工程师作坊        智慧厨房          模型制作
```

（一）小工程师作坊

"小工程师作坊"课程鼓励学生动手实践，作坊活动引导学生在实践制作过程中培养动手能力、想象力和创新精神。作坊内配备可进行自主设计的多功能工作平台，配置了各类木工、金工制作工具。学生利用迷你的车床、铣床、木板切割机等机床设备，进行工程加工、各类模型的操作体验，初步掌握迷你机床的使用方法，并加工简单的生活器具，创意制作他们想要的作品。

（二）智慧厨房

"智慧厨房"是为学生打造的一个前所未有的体验式食育课程。同学们可以在对味觉、嗅觉的开发过程中获得一个认知美好世界的机会。它主要利用互联网智能技术开展烹饪教学，充分体现学生学习的自主性。与传统的烹饪课相比，"智慧厨房"将现代信息技术与实践操作进行了有机的结合，通过现代信息技术为学生提供更清晰、更全面、更高效的学习资源。除此之外，学生制作食物的过程和成果也将被多媒体记录下来，这既是学

生学习的过程，又是其学习的成果。

（三）模型制作

在"模型制作"课程中，学生可以在车间内制作车模、空模、海模、建筑等模型，并尝试与真实车辆、航天器、船只、建筑进行对比研究。通过项目式学习让社团学员体验到自己亲手制作的飞机模型在天空中飞翔、车模在赛道上飞驰、船模在水池里航行的快乐，培养其动手能力。

三、工程项目部项目式学习的内容建构

（一）指导思想

课程内容以循序渐进的原则从多方面进行设计，从认识材料到认识工具，进而学习使用工具，从理论知识到实践操作，层层递进，遵循学生认知发展规律，促进学生的智力发展和实践能力的养成。

（二）课程目标

1. 培养创造性思维

会制造，才会创造。创造性思维是暗藏于大脑的一种习惯，需要实践养成。课程旨在让学生在新奇的体验中感受到制作的乐趣，从而激发其研究与创造的激情。

2. 培养系统性思维

在解决工程问题中，帮助学生形成更有条理性和计划性的思维，培养学生的统筹能力。课程旨在在工程项目部中解决学生学习的驱动性问题，养成其良好的思维方式，培育工匠精神。

3. 培养动手实践的能力

让学生在工程项目式学习中锻炼动手能力、观察能力和创新能力，促进其手脑协调，助其成为解决问题的高手，使其在学习生活中更加游刃有余、更加出色。

4. 提高专注力

工程制作纷繁复杂，需要学生戒除浮躁、保持专注，练就高于常人的耐心。细节决定成败，提升学生关注细节的能力，至关重要。

5. 提高自信力

培养学生随心驾驭双手的力量，让他们为自己灵活的双手而骄傲，并通过一件件作品展示自己的力量，积累自信。

（三）课程内容

工程项目部的课程面向中、高段学生。

1. "小工程师作坊"课程内容体系

我校结合学校所处地域文化背景，围绕"打造适合每一位学生全面发展的教育""把学校办成少年儿童健康成长的乐园"的办学目标，依托木工工艺开发"小工程师作坊"校本课程。作为我校的少科院工程项目部课程，"小工程师作坊"以"木"为载体，以"艺"为目标，将综合教育和木艺课程有机结合，利用木质材料开展一系列生动有趣的手工活动。课程中的木工制作不只是简单的模仿和重复操作，它需要严谨的数学思维、空间思维，通过测量、绘制、切割、打磨等一系列缜密的思绪及步骤才能完成。通过木工课程的学习，同学们学会了专注、耐心，学会了与自然交流，能充分将美术、数学、三维空间等知识融会贯通。此外，学生的分析能力及独立思考能力也得到了有效锻炼。以下是小工程师作坊课程的内容体系。

工程项目部之"小工程师作坊"课程内容体系

项目	活动内容	产品呈现
推开木艺之门	木的认识	关于木艺的小报、调查报告、实物展示
	木工的源起	
	榫、卯在木工中的运用	
探秘木工工具、传承木匠技能	了解木工工具，木工工具的发展与演变	图片展示、观察反馈PPT、木匠技能展示
	学会锯木头、刨木花、钻孔、打磨	
别具匠心创用品	杯垫创作	杯垫、黄油刀、木发簪
	黄油刀创作	
	木发簪创作	
趣味创意制学具	木书签创作	木书签、七巧板、笔架
	七巧板创作	
	笔架创作	
童心童趣做玩具	木蜻蜓创作	木蜻蜓、宝刀、小火车等
	宝刀创作	
	小火车创作	
	自由创作	
核心内容：了解传统手工艺以及传统文化中的木艺，养成爱动手、爱劳动的品质，从而增强专注、坚持、自主、有序、探究的"工匠精神"		

2."智慧厨房"课程内容体系

"智慧厨房"课程的重要内容是烘焙实践，以培养学生实践操作能力、创造能力、探究能力为宗旨，以实现"学习与生活融合，传统与现代联结"为目标，着重于发展学生的动手能力，开发其想象力和创造力。本课程内容设置共计30个项目，每个项目80分钟（两节课）。项目课程的主要内容是手工饼干、蛋糕、甜点等基础点心的制作，项目内容根据学生的年龄特点及能力差异，由易到难、由简单到复杂，螺旋式递进。同时，每个项目都配有微课视频，方便学生随时学习、随时开展实践研究，如此能更有效地实施"智慧厨房"课程。在项目活动过程中，融入了对学生良好的卫生习惯、食品安全理念、合理膳食等相关的基本知识和正确理念的传授和培养，同时培养了学生的诚信意识。以下是"智慧厨房"课程的内容体系。

工程项目部之"智慧厨房"课程内容体系

项目	活动内容	产品呈现
初识烘焙	了解烘焙基本操作，学会正确的搅打方式、控制烘烤时间	黄油曲奇
	学会分离蛋清和蛋黄，学会使用打蛋器打发蛋清	软式小西饼
	学会打发蛋黄、包卷蛋糕	虎皮蛋糕
	掌握食材混合的原则	蓝莓马芬
健康烘焙	了解芝麻的营养价值，制作时掌握饼坯厚度	芝麻薄饼
	了解食材对健康的重要性，熟悉基本烘焙操作流程	红糖杏仁饼干
	掌握烤饼干的温度和时间	土豆咸酥脆饼
	了解原材料的营养价值，熟悉基本烘焙操作流程	巧克力香蕉蛋糕
	了解清蛋糕制作流程	清蛋糕
烘焙文化	了解产品的文化背景，制作甜甜圈	甜甜圈
	了解比萨的由来及制作	比萨
	学会制作焦糖酱	苹果隐形蛋糕
烘焙大师	学会判断蛋白搅拌完成的标志	戚风杯子蛋糕
	学会用裱花袋挤泡芙，造型美观	泡芙
	掌握煎香蕉派的方法	快手香蕉派
	掌握松弛面团的方法	蔓越莓奶酥
	掌握鸡蛋与面粉的比例，注意添加量	美味花生酥
创意烘焙	掌握食材混合的技巧	红丝绒蛋糕
	掌握两次烤饼干的技术	红茶小脆饼
	学会隔水处理蜂蜜及其他原材料	蜂蜜纸杯蛋糕
核心内容：让学生在动手实践中掌握烘焙的基本方法和技能		

3."模型制作"课程内容体系

在"模型制作"课程中，模型的制作和优化会运用到许多科学知识，涉及许多生活常识和物理知识，如汽车的转向、最大倾斜度、最大爬坡度、动力系统、传动系统、驱动形式及电路结构等。模型制作课程通过动手实践的方式，巩固并加深学生在书本及生活中学到的知识，激发学生强烈的求知欲，拓展学生的思维。

本课程的主要任务是构想、设计草图和效果图，制作模型，展示成果。通过本课程的学习，学生可以掌握模型在设计活动中的作用与意义，以及正确的制作方法；还可以在实践过程中培养独立思维、提出问题和解决问题的能力。本课程为学生更深入地研究设计三维空间提供新的途径和构思方法；为设计的推敲与完善提供技术支持；通过理论与实践的训练，使学生懂得学习模型制作的作用与意义，理解并掌握模型制作的基本原理和方法；提高学生对三维空间设计的形态等知识的理解和掌握，培养学生模型制作与三维空间表现设计的能力，继而培养学生的创新意识和审美情趣。以下是模型制作课程的内容体系。

工程项目部之"模型制作"课程内容体系

项目	活动内容	产品呈现
了解模型	认识模型	关于模型的小报
	模型的发展历史	
	模型在生活中的应用	
初试模型制作	认识材料和工具	模型材料、工具以及制作方法的调查报告
	掌握模型制作的方法	
	现代生活中的模型	
火箭模型制作	箭体筒段（筒体）的制作	火箭模型
	头锥的制作	
	安装发动机和尾翼	

续表

项目	活动内容	产品呈现
火箭模型制作	安装降落伞	火箭模型
风力车负重赛	了解风力车负重的原理	风力车
	制作风力车	
	校内风力车负重赛	
1/18两驱电动遥控平路车竞速赛	了解电动遥控平路车驱动原理	1/18两驱电动遥控平路车
	制作两驱电动遥控平路车	
	校内1/18两驱电动遥控平路车竞速赛	
遥控车台球赛	了解遥控车台球赛规则	遥控车
	训练精准操纵遥控车	
	训练遥控车台球赛	
模型创意设计	创意设计模型主题、熟练掌握模型制作的技巧	模型车
	自由创作	
核心内容：学习模型制作的作用与意义，理解并掌握模型制作的基本原理和方法		

4. 工程项目部导师课程体系

在工程项目部，也设有导师进课堂活动，导师们与求是学子面对面，带领求是学子遨游知识海洋。求是少科院聘请了化工领域的权威专家——浙江大学化工学院侯阳教授作为我校的特聘导师，听少科院导师上课成了求是学子的深深期盼。以下是工程项目部导师课程的内容体系。

工程项目部之导师课程内容

项目	活动内容	产品呈现
走进新世纪的清洁能源——氢能	走进氢元素和氢气	小组展示交流
	聆听关于氢气的故事	
	氢气在生活中的用途	

续表

项目	活动内容	产品呈现
新型能源环境中的应用——纳米与功能材料	纳米技术与太阳能	纳米材料应用小报
	纳米技术与风能	
	纳米材料与其他新能源	
	纳米与功能材料在新型能源环境中的应用实例	
太阳能的转化与利用	认识太阳能	模拟太阳能转化
	太阳能的利用	

核心内容：了解化学工程及能源在生活中的创新应用

第四节 艺术体验部

一、艺术体验部项目式学习的价值理念

艺术体验部开展项目式学习有着重要的意义，它不仅顺应新时代发展对人才培养的需求，更是回应学生学习的现实需求，指向艺术学习本质。艺术体验部核心素养的培育强调艺术学习的真实情境，也关注学生在学习过程中如何运用已有的学习经验去独立分析、判断、思考、解决问题的能力。学生通过自主协作学习，在创意实践中感受创新精神，探索生活中的艺术之美，通过作品表达自己对艺术的理解，形成对艺术知识和审美价值的意义建构。

1. 设计复杂问题，激发学习潜能

艺术体验部项目式学习强调"基于问题的学习"，通过能引发思维冲突、开放性的复杂问题激发学生的深层思维，引导学生主动思考。在学习过程中，设置驱动性问题，带来具体的"学习任务"，从而让学生经历"发现问题—分析问题—尝试解决—反思改进—解决问题"的螺旋上升的过程。通过艺术学习掌握相关艺术语言，促进学生对核心知识的深度理解和迁移，提高其艺术感知力、表现力与创造力；助其积累艺术经验，培养质疑精神和探究能力。艺术体验部的项目式学习围绕的大概念是"艺术家和设计师以探索创造性的作品为目标，或继承或打破传统形成自己的艺术思考"，这有利于达成以美育人、以美化人、以美培元的新时代美育目标。

2. 创设学习情境，凸显素养培育

艺术体验部的项目式学习注重学习情境的创设，实现学习从"知识"本位到"素养"本位的转变。在项目式学习中，通过创设不同的文化、生活和科学的真实情境开展艺术教学，在这个学习情境中学生将作为各个领域的专家（艺术家、科学家、工程师等）来面对真实问题，并通过分工合作，运用一系列方法和流程来解决实际问题。学生通过探究实践，感悟艺术与其他学科之间的有机联系，用整体观念认识艺术，从单向思维转向整体思维，从而提高综合艺术能力、建构知识关联、提升审美情趣、培养人文情怀，通过项目活动融通学科素养、创造性与批判性思维、探究与问题解决、交往合作等重要的跨学科素养。

3. 突出儿童本位，培养工匠精神

艺术体验部以艺术学习为主线，以项目学习的方式来推动学习进程，链接儿童的生活情境，让儿童回到学习的中央。在项目学习中，学生通过深度参与真实的艺术活动项目，进行实践、协作、体验等，运用艺术元素之间的有机联系，进行元素性艺术经验、实践性艺术经验、情感性艺术经验等多个方面的系统建构，最终形成成果，建构立体的学生艺术

素养体系。

二、艺术体验部项目式学习的框架设计

艺术体验部以培养学生艺术的核心素养为基点，以少科院为载体，为我校求是小雏鹰们开发本土化、多样化的课程资源。求是少科院下的艺术体验部丰富有个性，与其他4个部门的课程一起构成我校多彩的拓展性课程之花，为学生建立一片成长的沃土。

（一）平面设计

不同于一般的纸上绘画，"平面设计"课程要求学生用电脑进行创作，不仅要有好的创意和构思，还要求以积极向上的形式来表现丰富多彩的生活，如我们身边的事物、事件、活动，我们的向往和想象等。同时，"平面设计"课程能锻炼我们的表现手法，让我们充分发挥想象力，画出属于自己的风采。

（二）沙画天地

"沙画天地"课程是一门综合音乐、灯光、绘画的艺术，可以培养学生的想象力、创造力、专注力、观察力、审美力、表达力等综合素质。"沙画天地"课程使美术这种静态艺术有了动态的表演呈现方式，加深了学生对沙画艺术的认识。

（三）童声合唱

"童声合唱"课程兼具艺术性和参与性，以其歌声嘹亮、意境高雅的特点，深受学生的喜爱。它所包含的内容不只有歌唱方面的乐理知识与实践经验，还有十分丰富的内涵。在"童声合唱"课程中，同学们除了可以培

养自己的艺术气质之外，还可以养成与他人协作的良好习惯。

（四）快乐舞蹈

"快乐舞蹈"课程通过科学、系统的舞蹈教学训练，塑造美丽，增添魅力，锻炼体力，增强体质，磨炼毅力，培养自信心。"快乐舞蹈"课程可以使学生在表现自己的同时培养自信和气质，让人心情愉悦。在"快乐舞蹈"课程中，关注更多的是学生对舞蹈审美理念的学习和个性的发展。

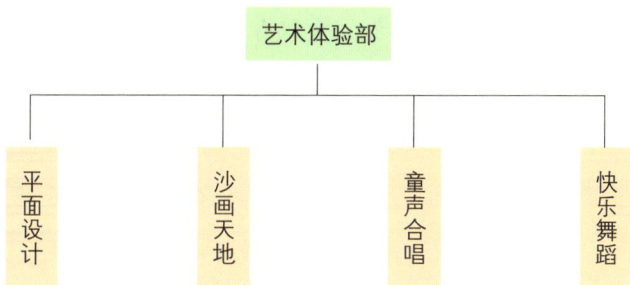

```
                        艺术体验部
        ┌──────────┬──────────┬──────────┐
     平面设计      沙画天地      童声合唱      快乐舞蹈
```

三、艺术体验部项目式学习的内容建构

（一）指导思想

在求是少科院的艺术体验部，我们的艺术项目式学习是对项目学习理念的一种本土化实践，兼顾了项目式学习和艺术学科学习的特点，运用项目式学习的思维，优选学习内容，优化教学实施，以建构立体的学生艺术素养体系。我们的艺术体验部课程相对于传统教法，更突出学习的主动性，强调学习的协作性，鼓励学习的创造性，进而达成深度学习的可能性。

艺术体验部的项目式学习让每一个学生在活动中都深度参与，努力向上，他们的创造性思维能力、沟通能力、阐释能力、规划与决策能力、表达与创作能力、团队组织能力、合作能力等方面都获得了可贵的发展，这正是以项目式学习的方式来完成艺术体验的独特意义所在。

（二）课程目标

1. 聚焦人文素养培育，跨界统整形成优势合力

艺术体验部课程在少科院整体课程目标的基础上设置具有课程特色的具体课程路径、课程方法和评价方式，以培养学生美育核心素养为基点，通过丰富多彩的课程活动，让学生充分参与其中，使学生逐渐养成爱探究、善交流的优秀品质，培育立足传统、大气开放的求是小雏鹰。

艺术体验部以音乐和美术教研组长为课程开发的项目主要负责人，组织组内教师分析个人特长及兴趣，采取主动申报的形式收集将要开设的艺术课程活动内容。在此基础上，结合学生的需要和年龄特征进行筛选，形成少科院艺术体验部校本课程内容。任课教师认真制订课程实施方案，明确指导思想、教学目标、内容框架（包括内容结构、具体安排、学习材料和工具等）、教学与评价要求等，形成相对完整的校园艺术体验课程体系。

2. 瞄准文化艺术瑰宝，主题探秘开发育人价值

基于艺术核心素养，提炼课程建设的核心思想，完善细化课程目标，做好少科院艺术体验部课程规划。课程旨在让学生通过课程学习，逐渐养成"有自信·爱探究·乐健体·善交流"的优秀品质。项目式学习的深入研究及其实践经验瞄准文化艺术瑰宝，为艺术课程教学提供了更加科学、有效的教学形式，激活了教育教学观念，使学生"丰富多彩的个人世界得以展现出来"。

对艺术体验部项目化教学的研究，让教师更善于成为活动中的引导者，了解学生在个性方面的差异，为之后在项目过程中对学生进行针对性的指导奠定了基础，并让教师有意识、有能力让学生逐步在探索的过程中发挥学习的主体性。

3. 设计儿童立场项目，任务驱动助力学生成长

以智能设备为依托的项目式学习构建了一个更适合儿童立场的新型学习模式，这样的学习模式可以让学生完成有意义的挑战性任务来提升学习品质，促进其全面发展。

根据求是少科院艺术体验部课程的主体性开发要求，结合融合性主题推进，能充分挖掘儿童感兴趣的实践性内容，充分挖掘课程资源，建构新知识，孕育新成果，让学生在习得素养的同时，感受艺术学习的快乐，并成就更好的自己。

（三）课程内容

求是少科院艺术体验部的4门课程面向热爱艺术的所有同学，进行分段式（低段、中段、高段）的项目化教学。

1. "平面设计"课程内容体系

"平面设计"课程覆盖了1～6年级的所有学生，让喜欢画画的学生、在电脑绘图方面有特长的学生，都有施展自己才华的天地。以下是"平面设计"课程的内容体系。

艺术体验部之"平面设计"低段（一、二年级）课程内容体系

项目	活动内容	产品呈现
基本入门	我的绘画工具	学生交流，个别展示
	基本技法（平涂法、混色法）	
	基本技法（叠色、渐变色）	
	基本技法（拼接法、留白法）	
春日寻味：端午粽香	解析粽子	一幅以"粽子"为主题的画
	描画粽形	
	上色	
	展示评价	

续表

项目	活动内容	产品呈现
春日探味：清明螺蛳	品味螺蛳	一幅以"螺蛳"为主题的画
	乐探造型	
	创作	
	拓展衍生	

核心内容：以"寻"促"化"，引导学生围绕美食进行寻访式学习

艺术体验部之"平面设计"中段（三、四年级）课程内容体系

项目	活动内容	产品呈现
舌尖寻味：滋味鲜虾	识味鲜虾	一幅以"虾"为主题的画
	感知结构	
	色彩探究	
	作品评析	
舌尖探味：美味肉串	了解肉串	一幅以"肉串"为主题的画
	识串绘形	
	创作	
	交流拓展	
舌尖有味：飘香葱煎	剖析生煎	一幅以"葱煎"为主题的画
	以形识形	
	色彩营造	
	总结拓展	

核心内容：围绕主题"舌尖有味"，让学生自主探究式收集相关资料并准备素材，在拓展课程中通过视、听、触、味，多维体验美食中的文化美

艺术体验部之"平面设计"高段（五、六年级）课程内容体系

项目	活动内容	产品呈现
生活滋味：肥美五花	初识五花	一幅以"五花肉"为主题的画
	探肉识形	

项目	活动内容	产品呈现
生活滋味：肥美五花	浓淡相宜	一幅以"五花肉"为主题的画
	拓展评析	
美滋美味：天幕奶糖	了解奶糖	一幅以"奶糖"为主题的画
	甜中探形	
	以色添甜	
	创意拓展	
珍馐美馔：美味糕点	品析糕点	一幅以"糕点"为主题的画
	趣识糕形	
	添色创作	
	评价拓展	

核心内容：用主题式小组合作探究的方式，体验生活滋味，体味美滋美味板块的自然美与文化美，"趣"品舌尖美食

2. "童声合唱"课程内容体系

"童声合唱"课程是非常受学生喜欢的一门课程，我们根据儿童的特点制定了恰当的训练方法。在这里同学们自主探究、自由组合、互相交流，提高了自己和团队的合作能力。以下是高段学生的"童声合唱"课程的内容体系。

艺术体验部之"童声合唱"高段（五、六年级）课程内容体系

项目	活动内容	产品呈现
厨房交响曲	合作演绎"我的厨房好干净"	厨房交响曲曲谱和填词
	合作演绎"香香的比萨饼"	
	合作演绎"锅碗瓢盆交响曲"	
"音"为疫情	我是小小宣讲员	制作一首关于防疫抗疫的歌曲
	我给音乐画幅画	
	疫情背后的那个人	

续表

项目	活动内容	产品呈现
我们的劳动号子	头脑风暴"如何给运动中的同学加油？"	形成一首歌曲
	创作歌词	
	尝试训练，把握技巧	
	分享座谈会	
核心内容：高阶思维包裹低阶思维		

3."沙画天地"课程内容体系

"沙画天地"课程从简单到复杂，由易而难，并穿插沙画文化介绍等内容。本课程不仅让教学有了载体，又让学生对沙画文化有了更多了解。以下是"沙画天地"课程的内容体系。

艺术体验部之"沙画天地"低段（一、二年级）课程内容体系

项目	活动内容	产品呈现
美丽多变的线条	沙画入门	沙画作品
	构图	
	沙画实操	
	小组讨论展示	
圆圆、方方和尖尖	学习点、线、面的绘画技巧	沙画作品
	观看沙画短片	
	学习沙画制作	
	小组讨论展示	
可爱的鱼（一）	简单构图	沙画作品
	生活化创意表现	
可爱的鱼（二）	沙画实操	沙画作品
	小组讨论展示	
核心内容：经典文化		

艺术体验部之"沙画天地"中段（三、四年级）课程内容体系

项目	活动内容	产品呈现
古建筑	建筑构图	沙画作品
	生活化创意表现	
	沙画实操	
	小组讨论展示	
现代建筑	建筑构图	沙画作品
	生活化创意表现	
	沙画实操	
	小组讨论展示	
地方特色	个性构图	沙画作品
	生活化创意表现	
	沙画实操	
	小组讨论展示	
核心内容：本土文化		

艺术体验部之"沙画天地"高段（五、六年级）课程内容体系

项目	活动内容	产品呈现
可爱的装饰物	个性构图	沙画作品
	生活化创意表现	
	沙画实操	
	小组讨论展示	
脸谱	个性构图	沙画作品
	生活化创意表现	
	沙画实操	
	小组讨论展示	

续表

项目	活动内容	产品呈现
有趣的剪影	个性构图	沙画作品
	生活化创意表现	
	沙画实操	
	小组讨论展示	

核心内容：传统文化

4."快乐舞蹈"课程内容体系

作为少科院的艺术体验部，我们一直上下求索，确定了以活动项目、学科项目研究为主要方向的项目式学习落地之路。"快乐舞蹈"课程以音乐、集体舞、表演服饰为解决问题的思路，引导学生制定计划表，创编自选动作，亲自绘制服装。以下是中段学生的"快乐舞蹈"课程的内容体系。

艺术体验部之"快乐舞蹈"中段（三、四年级）课程内容体系

项目	活动内容	产品呈现
快乐兔子舞	基于真实情境，设计大课间的"兔子舞"	个性化的兔子舞视频
	搜集资料，深入了解项目	
	分组进行设计、实践、记录并总结分享	
	视频制作和海报宣传	
校庆纪念舞蹈	基于真实情境，设计迎接集团化办学20周年庆祝舞蹈	编排个性化舞蹈
	搜集资料，深入了解项目	
	分组进行设计、实践、记录并总结分享	
	作品发表会	
我的舞蹈我做主	设计展现班级特色的舞蹈	个性化舞蹈展示
	搜集资料，深入了解项目	

续表

项目	活动内容	产品呈现
我的舞蹈我做主	分组进行设计、实践、记录并总结分享	个性化舞蹈展示
	作品发表会	

核心内容：深入学习设计思维和艺术素养

5. 艺术体验部导师课程体系

在艺术体验部，也有最受学生喜欢的导师课程。求是少科院聘请了艺术方面的权威专家作为我们的特聘导师，导师们每个学期都会进入课堂给同学们上课，因为导师课程特别受学生欢迎，所以学生可以混班学习。以下是艺术体验部导师课程的内容体系。

艺术体验部之导师课程内容体系

项目	活动内容	产品呈现
西湖文化	西湖十景	创作具有西湖风情的文化衫
	茶香四溢	
	西溪风情	
运河文化	悠悠老街	创作体现运河文化的文化衫
	剪刀印象	
	悠悠伞韵	
良渚文化	玉琮之美	创作体现良渚文化的文化衫
	走进竹器	
	稻香悠长	

核心内容：了解本土文化，让学生充分感受身边的文化意涵

第五节 数学实验部

一、数学实验部项目式学习的价值理念

随着STEAM课程的不断发展，数学凸显出作为技术与工程学科的基础工具作用，为助推培养求是学子"爱探究"的特质，求是少科院数学实验部的群系课程应运而生，它是求是少科院5大部门之一。数学实验部这一群系课程，是在学生完成数学基础性课程的基础上开展的延伸性的综合探究活动，即学生综合运用所学的知识和方法来解决问题的高层次数学探究活动。数学实验部课程的开发与实施，为广大求是学子提供了更具沉浸感与获得感的数学研究平台。

（一）积累拓展学习经验，培养学生研究能力

小学数学基础性课程自基础教育课程改革实施以来，经历了多次改革，教学领域、教学内容都发生了较大变化，特别是学习过程的经历与学习经验的获得、问题提出的自主性与问题解决的能动性，在教学中越来越受到重视。另一方面，学科融合、单元主题式研究等新型教学形式的引入，有助于促进传统课本内容教学的有效延伸与拓展。

基于以上思考，结合"从做中学"的教学理念，数学实验部课程将学习内容从基础知识域无缝连接至拓展知识域，将传统教学转向沉浸体验教

学，强调数学知识在头脑中的发展及运用。同时，数学实验部关注"专家思维"与"复杂交往"的新时代学生素养，建立素养导向的数学拓展性课程体系，基于数学核心基础知识，根据学段水平，针对性地开展数学游戏、项目研究等丰富的主题式拓展学习活动，让学生在丰富、有趣的主题情境中，借助已有知识，发现问题，提出问题，自主探究问题。经历了像这样的沉浸式问题研究，学生除了有知识层面的显性获得外，更有过程经历、活动体验等隐性获得，有助于积累关于数学拓展内容的学习经验，进而培养"爱探究"的品质，提高研究能力。

（二）聚焦项目实施过程，提升教师研训水平

STEAM融合式教学，代表了现如今项目式学习及学科整合教学的发展前沿，而数学实验部作为求是少科院的5大部门之一，其发展更应着力于项目的开发与实施，因而组建起一支讲实干、有想法、强业务的研究型团队是必不可少的。在集团学术委员会及浙大导师团的双重引领下，数学实验部依托集团数学组，吸纳了许多有想法、敢尝试的青年教师，同时也组织一大批骨干教师承担课程的开发与实施。

数学实验部的课程开发及教学研究团队始终将拓展性学习的活动品质放在首位。一方面要求教师能够基于学情，将数学课内已学内容与课外拓展内容进行自然衔接与有机整合，找准贴近数学认知发展的触点，关注项目式学习的主题性与趣味性。另一方面，要求教师更新项目式学习的组织评价理念，在项目式学习的设计初期，充分预设学生可能出现的知行表现；在项目式学习的课堂实施过程中，放大学生在探究活动中的学习主动权，利用学材、环境、问题等驱动学生的主体意识，围绕数学思想与能力发展组织各项学习活动，并积极引导学生对探究过程开展反思与评价。

（三）搭建数学实验平台，实现自主研发价值

传统的数学学习活动一般都是在教室内开展的，且一节课基本为40分钟，这对学生来讲数学学习的空间与时间都具有一定的限制性，也正因为这样的限制，会导致一些需要在课堂上进行深入体验与探究的环节被压缩或删减，这并不利于学习经验的获得与积累，更不利于知识的自然形成与发展。基于这样的矛盾，求是少科院数学实验部的开设，为学生对数学的深度探究延伸了空间与时间。在这里，不仅配备了多样的课外拓展数学学具，还时实呈现了学生丰富的项目式学习研究的阶段性成果，并陈列了数学史上的一系列重大发现与有趣问题，为学生搭建了一个对数学充满想象力、实践力与创造力的学习平台。

数学实验部的系群拓展性课程，也是集团数学组校本研训的物化成果，在浙大导师团的引领下，打造出了多个受学生喜爱、具有挑战、富有趣味的项目式学习内容，逐渐形成少科院旗下的系列拓展性课程。这不仅激起数学拓展与项目式学习的学术热潮，更有效助推了集团数学组与课程项目组的研修内驱力与发展力。

二、数学实验部项目式学习的框架设计

在少科院数学实验部，一共有3门课程，分别是"数学游戏""数学探秘""数学博物馆"。3门课程相辅相成，皆由集团数学学术委员会委员、求是少科院导师团导师、浙江大学数学系教授鲁汪涛领衔指导，由集团数学组与课程项目组进行项目开发与实施。其中"数学游戏"与"数学探秘"以年段区分并互相承接，"数学博物馆"则是对数学基础课程及另两门数学拓展课程的实体呈现与融合。少科院数学实验部的课程框架图如下：

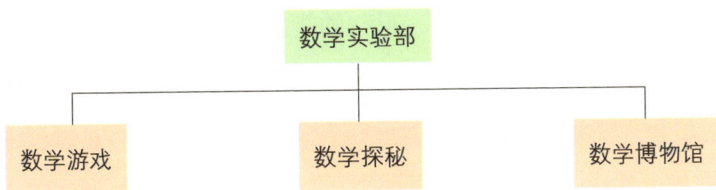

```
              ┌─────────────┐
              │  数学实验部  │
              └─────────────┘
         ┌──────────┼──────────┐
   ┌──────────┐ ┌──────────┐ ┌──────────┐
   │ 数学游戏 │ │ 数学探秘 │ │数学博物馆│
   └──────────┘ └──────────┘ └──────────┘
```

（一）数学游戏

"数学游戏"课程主要面向低段（一、二年级）学生，以教材内容为知识的基点，适当地对所学知识进行拓展、巩固。基于低段学生的特点，本课程将数学知识寓于游戏之中，教师适当穿针引线，把相对单一的学习过程转变为富有趣味性的游戏活动，让学生在游戏中学习，在玩思中收获。教学时，教师通常分4个层次引导学生开展游戏体验。首先，明确游戏规则，利用多媒体呈现数学情境，以形象生动的呈现方式激发学生的游戏兴趣，使其初步理解游戏的规则；其次，引导学生尝试开展游戏，以组内合作探究的形式体验游戏，初步感知游戏规律；接着，让学生分享游戏经验，以组际交流的形式进行游戏经验的分享，并在共同梳理后尝试总结游戏规律；最后，组织学生自主设计游戏，基于游戏涉及的数学基础知识，对游戏形式、游戏内容或课内知识进行拓展学习，并完善游戏设计。

（二）数学探秘

"数学探秘"课程主要面向中段（三、四年级）学生，基于教材基础内容，结合数学趣题、生活实际问题，再适当进行拓展，并通过猜想、观察、操作、验证等方式，培养学生的探索意识，引导学生自主运用所学知识和方法发现问题本质、解决实际问题。同时，基于课内实践活动板块，优化、开发便于学生探究的项目式学习专题，让学生在活动中获得沉浸式数学探秘的研究体验，以鲜明的教育性、科学性、实践性、思考性、趣味性、开放性和层次性来提升学生学习数学的兴趣，点燃其刨根问底的研究热情，发展其数学思维和问题意识，培养其举一反三的能力。在课程实施中，通过问题创设、调查活动、交流报告等环节的探秘实践，让学生充分经历一个学数学、用数学的过程，最终将探秘结果物化展示，以肯定学生在探秘过程中作出的尝试与努力。

（三）数学博物馆

"数学博物馆"面向全校所有学生，是少科院独有的特色课程。在周二的专项拓展课程实施时段，它为拓展课程提供交流场馆，将各研究小组的研究成果在馆内进行整体布展，以促进成果在小范围内交流与展示；在周五的全校普及性拓展课程实施阶段，它搭建面向全校开放的展览场馆，展出数学学具、历代数学教科书、数学典型几何模型、历史性研究成果、国内外数学家简介等，全校学生不仅能在此场馆中学习、欣赏各项展品，更能在体验区对自己感兴趣的内容进行探究。同时，数学博物馆对在数学方面有特长的学生而言，也是一处绝佳的个展平台。此外，通过数学个展的举办，扩大数学研究的影响面，可以在校园内营造浓厚的数学研究氛围。

三、数学实验部项目式学习的内容建构

（一）指导思想

在求是少科院的数学实验部，课程研发组基于STEAM理念，在课内所学知识的基础上进行整合与拓展，采用项目式主题探究的学习方式，选取学生感兴趣的数学游戏、数学现象、实际问题等，引导学生在主题情境中获得沉浸式的学习体验。课程架构符合难度层级螺旋上升的特点，低段（一、二年级）以学生喜闻乐见的数学游戏为主，生动形象，具有较强的操作性；中段（三、四年级）以学生感兴趣的数学现象、生活实际问题为主，

富有挑战性，具有深远的研究意义；此外，数学博物馆中的静态呈现功能与动态体验功能，满足了学生不同的学习需求，促使求是学子在趣味中学习数学，在实践中收获乐趣。

（二）课程目标

1. 营造数学研究氛围，打造无界数学探究平台

数学实验部在"数学游戏""数学探秘""数学博物馆"3大课程的支撑下，逐渐形成极具数学探究味的课程系群。经历了低段的游戏体验，再积累了中段的探秘经验，伴随数学博物馆潜移默化的展示影响，学校在拓展性课程的实施过程中，逐渐营造起浓厚的数学研究氛围，给很多热爱数学研究且学有所长的求是学子提供了更为广阔的研究平台。

2. 激发数学探究乐趣，培养求是学子个性品质

基于课内知识进行拓展，设计并组织学生开展丰富多彩的探究活动，以激发学生学习数学的兴趣和积极性，使学生在学习过程中获得成功体验，进而逐渐建立数学学习的自信心，提高学习品质，拓宽学习思维，总结学习方法。在数学实践活动中，学生不仅在数学学习上有所收获，也通过组内合作与组际交流的学习方式，提升与人合作、与人交流的意识，锻炼了相应的能力，培养了"有自信""爱探究"的个性品质。

3. 助推项目开发内驱，提升教师队伍专业素养

为确保数学实验部各项拓展课程的顺利实施，学校不仅在少科院中提供了活动场地与硬件保障，更以数学实验部的课程建设为契机，着力培养一支专业精深的教师队伍。学校每年会提供外出学习的机会，如组织教师参与各级与STEAM教育、项目式学习、数学拓展课程等主题相关的培训，确保课程建设队伍能了解到教育教学的前沿理论与具体实施方法。同时，学校也聘请了浙大数学系鲁汪涛教授为数学实验部导师，导师通过进课堂、参与教学研讨等形式，对数学拓展性课程的建设提出宝贵建议。此外，集

团学术委员会也会定期指导拓展性课程的建设，以此来助推数学团队项目开发的内驱力，提升教师队伍的专业素养。

（三）课程内容

少科院数学实验部的4门课程面向热爱数学探究的所有同学，进行分段式的（低段、中段）、结合全员体验式的项目化教学。

1."数学游戏"课程内容体系

"数学游戏"课程主要面向低段（一、二年级）学生，让学生能通过数学游戏，巩固课内所学，拓展知识与能力，感受数学探究的乐趣。以下是"数学游戏"课程的内容体系。

数学实验部之"数学游戏"课程内容体系

项目	活动内容	成果呈现
动动火柴棒	数字宝宝和火柴棒	数字、算式变形记
	数字宝宝变形记	
	算式搬运小巧匠	
	神奇火柴棒大比拼	
珠子的奥秘	珠子排排队	珠子手串
	串串和圈圈	
	漂亮的手串	
	寻找消失的珠子	
有趣的数独	图形拼拼看	游戏设计
	格子里的数字	
	格子里的图形	
	九宫里的奥秘	
核心内容：围绕数字与简单计算，培养观察、推理、想象等能力		

2."数学探秘"课程内容体系

"数学探秘"课程主要面向中段（三、四年级）的学生，让学生能通过数学趣题、主题探究等形式，在已有知识的基础上，自主发现并研究生活中与数学相关的一些现象，尝试解决生活中的一些实际问题。以下是"数学探秘"课程的内容体系。

数学实验部之"数学探秘"课程内容体系

项目	活动内容	产品呈现
一卷纸有多长	"一卷纸有多长？"启动和实践	成果小报
	"一卷纸有多长？"交流展示	
神奇A4纸	"神奇A4纸"启动和实践	A4纸设计
	"神奇A4纸"交流展示	
纸带只有一个面	"纸带只有一个面"启动和实践	纸袋模型
	"纸带只有一个面"交流展示	
我们身体的皮肤面积有多大	"我们身体的皮肤面积有多大？"启动和实践	成果小报
	"我们身体的皮肤面积有多大？"交流展示	
猴子选大王	"猴子选大王"启动课	流程图
	"猴子选大王"延伸课	
破解黑白密码	"破解黑白密码"启动课	设计与破译
	"破解黑白密码"延伸课	
摩斯密码	"摩斯密码"启动课	密码翻译
	"摩斯密码"延伸课	
不可能的图形	"不可能的图形"启动课	图形设计
	"不可能的图形"延伸课	
正方形黑洞	"正方形黑洞"启动课	成果小报
	"正方形黑洞"延伸课	

续表

项目	活动内容	产品呈现
神奇的正多面体	"神奇的正多面体"启动课	多面体模型
	"神奇的正多面体"实践课	
	"神奇的正多面体"展示课	
立体图形的世界	"立体图形的世界"启动课	立体模型
	"立体图形的世界"实践课	
	"立体图形的世界"展示课	
制作一个包装盒	"制作一个包装盒"启动课	包装盒模型
	"制作一个包装盒"实践课	
	"制作一个包装盒"展示课	
核心内容：围绕生活中与数学有关的趣题，培养学生主动探究与想象创新的能力		

3."数学博物馆"内容体系

"数学博物馆"课程面向全体学生，让学生在固定场馆中，欣赏数学拓展性课程的研究成果，在静态展览中了解数学的发展历史，在动态体验中体会数学研究的乐趣。以下是"数学博物馆"课程的内容体系。

数学实验部之"数学博物馆"课程内容体系

项目	活动内容	成果呈现
静态展览	数学家简介	展板、书籍、小报
	数学重大发现	
	数学历代教材	
	拓展性课程成果	
动态体验	课内学具	学具、模型
	经典模型	
	自主设计	
	互动留言	

续表

项目	活动内容	成果呈现
数学个展	巧算专题	专题展示
	魔方专题	
	数字华容道专题	
	……	
核心内容：在综合开放的环境中，通过多感官的体验，提高学生对数学学习的兴趣，并获得成功的体验		

4. 数学实验部导师课程体系

数学实验部的导师课程，面向全体学生，由学生自发报名参加，并开展混班学习，因少科院聘请了浙江大学数学系教授等作为专家导师，受到了求是学子的热烈欢迎。以下是数学实验部导师课程的内容体系。

数学实验部之导师课程内容体系

项目	活动内容	成果呈现
周长	工具测量	周长测量结果
	问题分享	
	再次尝试	
面积	工具测量	面积测量结果
	问题分享	
	再次尝试	
创造图形	化曲为直	多样图形
	高阶建构	
核心内容：通过动手实践与想象创造，发展学生数学高阶思维		

第五章

基于求是少年创新科学院平台的
跨学科项目式学习的实施范式

  项目式学习（Project-Based Learning，PBL）是一种以学生为中心的教学法，通过引导学生主动探索实际问题，使学生能够更深地掌握现有的教学知识。美国著名教育学家约翰·杜威（John Dewey, 1859—1952）倡导的"从做中学"思想，被认为是项目式学习的早期雏形。在其著作《我的教育信条》中，他提出"老师在学校里不是为了给孩子强加某些想法或养成某些习惯，而是作为团体的一员来选择那些可以改变孩子的影响并帮助孩子适当地应对这些影响"。这种教与学的理念被后续的教育研究者进一步推广，发展到现如今被称为"项目式学习"。

  按照学科性和综合性特征，求是少科院的项目式学习包含4种课程形态，微项目学习，学科项目式学习，跨学科项目式学习以及超学科项目式学习。微项目学习，通过设计"小、近、实、活"的项目，使得学生可以在较短的时间内对某个贴近实际生活的主题或内容进行小的探索。求是少科院提出了微项目学习需要遵循"课题引入，设计驱动问题"，"实践为径，助力探究过程"，"立足学情，展示项目成果"，以及"基于目标，实施项目评价"等4大原则，并以"智慧厨房"课程为例具体展示了微项目学习的实施流程。学科项目式学习，其设计核心以学科内的关键概念和技能为主，但仍可涉及其他学科。求是少科院提出了学科项目式学习设计过程中的6

个纬度，即"核心知识，驱动性问题，高阶认知，学习实践，公开成果，学习评价"。不同于学科项目式学习，跨学科项目式学习强调多学科合作在解决项目问题中的必要性，促进学生对多学科概念与能力的更深层次理解。求是少科院提出实施跨学科学习，需要把握4个重要特征，即"要以现实问题的研究和解决为依托；要超出单学科研究的视野，关注复杂问题或课题的全面认识与解决；要有明确的、整合的研究方法与思维模式；鼓励在跨学科基础上完成创新与创造"。超学科项目式学习，运用"自主、合作、探究"的学习方式，激发学生的学习热情，提供多元化的学习体验。求是少科院提出了超学科课程体系的4个要素，即"要与当前的学科课程体系相衔接，要与各个年级的学科认知水平或学科体系相匹配，要让不同的学生作出不同的选择，需要一批复合型的教师"。

——求是少年创新科学院导师　鲁汪涛

鲁汪涛

获中国科学技术大学博士学位和香港城市大学联合培养博士学位，博士生导师。

　　项目式学习，不仅是先进的教育理念，而且已经形成了一套较为成熟的操作流程，这样的实施范式有助于对传统教学流程进行再造。项目式学习的重点是学生的学习目标，包括基于标准的内容以及如何学习批判性思维、问题解决、合作和自我管理等技能。学生学习的变革，开始时更多的是在于学习方式与形态的变化，并以此带动学习情感与效能的变化，最终落实并实现"以生为本"的现代学习理念，让核心素养在学习中生长，让综合素养在学习中积淀。

　　上海市教育科学研究院研究员夏雪梅认为，项目式学习不仅仅是学与教的变革，它超越了学与教的范畴，设计者要用课程的视角重新审视课程目标、内容、评价等，并根据项目式学习覆盖知识范围的大小、对学校课程的影响力度，将项目式学习划分为微项目学习、学科项目式学习、跨学科项目式学习、超学科项目式学习4种课程形态。这4种课程形态凸显的学科性和综合性特征，可以用下图表示：

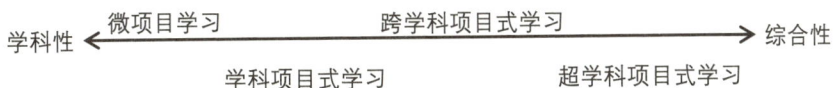

```
            微项目学习              跨学科项目式学习
学科性  ←—————————————————————————————————————————————→  综合性
            学科项目式学习              超学科项目式学习
```

　　从上图中可以看出，项目式学习兼具学科性和综合性特征，其4种形态，越往左越凸显学科性，越往右越凸显综合性。

<table>
<tr><td>第一节</td><td></td></tr>
</table>

第一节 求是少科院的微项目学习

一、微项目学习的学习定位

微项目学习是一项以学习者为中心的学习模式，让学生通过自主学习达到多方面的发展。它将项目式学习微型化，打破传统教学的模式，在保证学习效率的前提下将微项目学习作为突破口，帮助学生理解并掌握知识内容，提高能力。作为一种新型学习模式，它占用的时间少，可在较短的时间内快速激发学生的学习兴趣。学生通过分组合作、实践探究，可以有效培养协作能力与沟通能力。

何为"微项目"？有研究认为："微项目"就是"小、近、实、活"的项目。微项目学习具备3个特征：其一，学习是项目式的，学生一节课围绕着一个项目展开。教师会在课堂中为学生提供15～20分钟时长的探索性项目任务，或者让学生在课外用类似实践性作业的形式对某个内容或主题进行小探索。其二，学习是参与式的，在小组活动中每个学生都有机会参与，学生在讨论、交流甚至争执中学习新知。其三，学习时间较短，实施起来比较自由，而且生动有趣，更接近学生的生活实际。

二、微项目学习的设计原则

1. 课题引入，设计驱动问题

在确定驱动问题时，教师优先从课程标准和教材的内容出发，结合学生身边的问题、社会需求或社会现象等因素，确定项目主题。教材中的核心知识以真实情境中关键性问题的形式呈现，并以此为课题，展开一组问题进行探究。学生在教师的引导下，理解情境、解决问题，学习、发展，实现学科课程目标。这样的呈现方式与项目式学习的用高阶学习带动低阶学习的特点一致，因此可以据此设计驱动性问题。

2. 实践为径，助力探究过程

确定驱动问题后，接着是实践探究的过程。传统的课堂教学，以学生个体学习为主。微项目学习则以小组合作学习为主，指向学习的课程，指向学生学习的发生。这意味着学生学习共同体要在真实问题情境的探索中建构学习意义，通过探索解决问题。

3. 立足学情，展示项目成果

项目学习成果，一般指在学习结束时产生的作品、报告等。一方面，基于学情，展示的小组作品（学习单）要能体现过程和结果；另一方面，倾听者、观看者可以提出问题，汇报组要负责解释说明。在项目成果展示阶段，学生共享实践的流程、结果，体会解决方式的多样性。项目成果指向驱动性问题，包括得出什么结论，以及对如何得出结论的说明，体现思维的真实性及深刻性，也体现学生的合作能力和团队精神。

4. 基于目标，实施项目评价

微项目学习评价是与成果产生、成果汇报紧密相连的，基于教学目标，对学习实践的整个过程进行评价，以引发更深层次的学习和理解的评价方式。微项目学习活动为给学生积累活动经验，为将之迁移、运用到后续新情境中，奠定了良好的基础，有利于培养学生的批判性思维，使其形成良好的情感、态度和价值观。

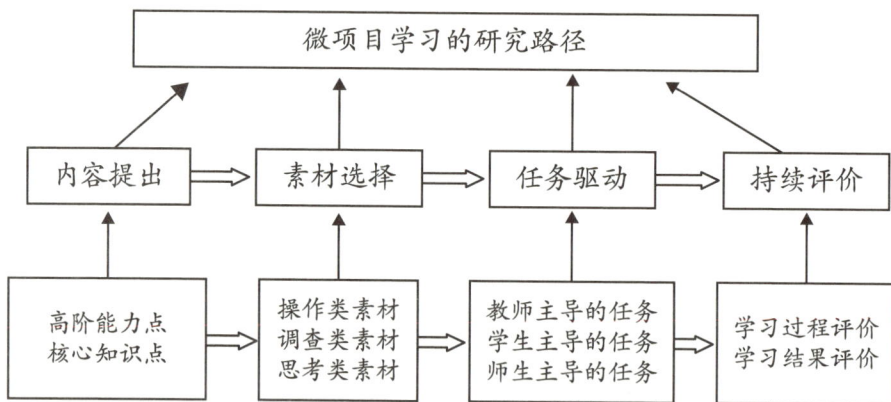

```
                    ┌──────────────────────────┐
                    │    微项目学习的研究路径     │
                    └──────────────────────────┘
         ↑              ↑              ↑              ↑
  ┌──────────┐    ┌──────────┐   ┌──────────┐   ┌──────────┐
  │  内容提出  │ →  │  素材选择  │ → │  任务驱动  │ → │  持续评价  │
  └──────────┘    └──────────┘   └──────────┘   └──────────┘
       ↑              ↑              ↑              ↑
  ┌──────────┐    ┌──────────┐   ┌──────────┐   ┌──────────┐
  │ 高阶能力点 │ →  │ 操作类素材 │ → │教师主导的任务│   │学习过程评价│
  │ 核心知识点 │    │ 调查类素材 │   │学生主导的任务│   │学习结果评价│
  │          │    │ 思考类素材 │   │师生主导的任务│   │          │
  └──────────┘    └──────────┘   └──────────┘   └──────────┘
```

三、微项目学习的实施

微项目学习有一定的实施流程，这个流程即"设计主题→选定项目→制定计划→组织实施→创作作品→交流成果→活动评价"。基于学科的微项目学习是教学方式的变革，它以学科教学为依托，从教材中提炼出学习主题和项目，在课堂上精选实施流程。

案例举隅：工程项目部之三年级"智慧厨房"拓展课（杭州市求是教育集团 廖君提供）

项目	内容
主题	制作戚风纸杯蛋糕
微项目简述	本项目通过组织学生自己动手制作纸杯蛋糕，培养学生参与综合实践活动的兴趣，提高学生的动手能力、对知识的综合运用能力，培养学生动手操作和"从做中学"的能力。在活动的参与过程中，学生获得亲身参与制作纸杯蛋糕的积极体验和丰富经验，体验美食制作的乐趣从而获得成就感，感受劳动带来的快乐，塑造完善的人格，初步养成合作、分享、积极进取等良好个性品质，形成对自然的关爱和对社会、对自我的责任感
核心知识	1. 通过搜集资料和学习，了解烘焙的知识以及烘焙工具的使用方法 2. 了解烘焙食材，学习简单的烘焙科学配比方法
驱动性问题	如何制作一个不会开裂的戚风纸杯蛋糕

续表

项目	内容
实施过程	（一）准备阶段，运筹帷幄 1. 学会认识和辨别面粉、黄油、酵母等食材 2. 了解打蛋器、面粉筛、烤箱等烘焙工具的正确使用方法 3. 能正确称量食材 （二）尝试阶段，牛刀小试 1. 学习使用打蛋器，了解根据不同的烘焙内容，使用不同的打发形式 2. 研究性学习使用酵母，感受面团在酵母的作用下慢慢"变胖"的过程，简单了解酵母的使用量 3. 总结酵母的使用方法 （三）实施阶段，大显身手 实践任务：4位老师分别指导4个小组制作戚风纸杯蛋糕 1. 提问导入 2. 出示原料和工具，学生一一认识 3. 按照配方要求，称量所需的原料 4. 教师演示制作戚风纸杯蛋糕 （1）准备材料，把面粉筛两次 （2）将蛋黄和蛋白分开，在蛋黄中加入20g砂糖，打匀 （3）分次加入玉米油，打匀 （4）一次性倒入牛奶，打匀 （5）筛入面粉 （6）搅拌成丝滑状 （7）在蛋白中滴入醋，打出粗泡，分3次加入白糖 （8）打发至提起打蛋器时，蛋白能形成直立的小尖角 （9）刮三分之一蛋白倒入蛋黄糊 （10）自上而下用刮刀搅拌好 （11）把拌好的蛋黄糊倒入剩下的蛋白霜里 （12）用橡皮刮刀彻底翻拌匀，拌匀的蛋糕糊很光滑 （13）将蛋糕糊倒入纸杯，七分满，震出气泡 （14）放入预热好的烤箱，175℃，中层，上下火，烘烤30分钟 （15）学生小组合作制作戚风纸杯蛋糕，教师从旁指导 （四）课堂交流，总结拓展 1. 通过让学生互相品尝各自的戚风纸杯蛋糕和回顾戚风纸杯蛋糕的制作过程，进行经验分享 2. 学生完成作品后，与老师和同学分享刚做好的纸杯蛋糕
成果展示	

续表

项目	内容
项目反思	在动手实践过程中，学生参与热情极为高涨。整个学习过程，真真切切地把学生当作学习的主人、课堂的主人，使他们切实感受到实践探究的真正乐趣，与老师、同伴共同体验生活的快乐与幸福 1. 个性发展，创意无限 　　智慧厨房课程是集趣味性、动手能力和创意性为一体的综合活动，通过亲手完成精美的烘焙作品，让学生在制作的过程中充分调动感官和手指，用双手敲敲、打打、揉揉、拉拉，同时调配运用各种材料进行创作，让学生的创造力得到最大限度的体现，并帮助他们建立自信心和对生活的热爱。这门课是学生展现个性、体现自我的平台，在这门课中，老师通过引导，促发学生自我实现能力的提升 2. 大胆尝试，合作探究 　　在实践过程中，老师注重培养学生的相互协作的精神和良好的劳动习惯。老师鼓励学生小组合作学习，指导协作交流。学生们也互学互助，通过个人尝试，在仿中学、做中创，他们可能会走弯路，但他们探究了、发现了、思考了、改进了，这样得来的成功让他们倍感欣喜而难忘 3. 分享美食，体验劳动 　　智慧厨房课程的学习应从技能、技巧的学习提高到对热爱生活、热爱劳动的学习，并通过分享、派送等活动，培养学生的感恩情怀，使其树立乐于付出、乐于奉献的生活价值观。本课程让学生收获劳动实践带来的甜蜜，同时也体验感受劳动的不易和劳动的价值与崇高，进而尊重劳动、爱上劳动

　　基于微项目学习的课堂，其最重要的部分就是微项目学习的选题和项目活动的内容。设计选题及内容时要注意以下两点。

　　第一，项目活动选材要"适性"，符合学生的群体特性。"适性"就是发展要适合学习者的本性和个性。"适性"的根本目标在于更好地发展学生，尊重与顺应学生。这不是"放任"学生，而是促进学生自由而充分地成长。因此，学生所学的材料内容及方式，应力求与其身心发展成熟程度、习得知识及当前生活经验背景密切贴合。课堂活动要考虑学生能学些什么、想学些什么，使学生在适切的情境中，快乐地进行有意义的学习，以激发其学习潜能。

　　第二，项目活动内容要"适量"，满足学生的个体需求。"适量"就是适合个别能力。学习量给得太多或太少，效果都不好。课堂学习的量不足，学生的身心得不到健全发展，久而久之会使某些机能退化，严重的会养成惰性；反之，课堂学习量过大，学生的身心会很疲惫，没有自由发展的时间，长此以往，则会产生厌倦情绪，进而因厌而弃，导致产生学生拒绝学习的后果。

第二节　求是少科院的学科项目式学习

一、学科项目式学习的学习定位

学科项目式学习很多时候是对学科内容进行单元整组设计，对基本概念和基本技能的包容整合度更高。学科项目式学习主要是以学科内的关键概念或能力为载体，指向学科的本质。

学科项目式学习的核心知识、成果、评价都只基于这一门学科中的核心知识，知识网络也只在这门学科中绘制。学科关键概念和技能的提出是学科项目式学习设计的核心。但这并不是说学科项目式学习只在这一门学科中打转，不涉及任何其他学科。学科项目式学习仍然有可能涉及其他学科，可能会用到其他学科已经学过的知识和技能，在学科项目式学习中，学生也可能会加深对其他学科的理解，但这些都是作为背景知识存在的。

二、学科项目化式学习的设计原则

在理论和实践的探索中，我们逐渐认识到，高质量的项目式学习不仅是学习方式的变革，更是一种中观的课程设计，都会涉及知识观的变革，涉及学什么、怎样激发特定年段的学生投入学习、如何保证学习的历程有意义、学习的结果怎样评价等问题。为此，综合巴克研究所、IB课程等提出的设计要素，我们将学科项目式学习的设计分解为如下6个维度：

1. 核心知识

学科项目式学习所指向的学科关键概念和能力是什么？

2. 驱动性问题

学科项目式学习用什么样的、具有挑战性的、真实性的问题情境去驱动学生主动投入思考？

3. 高阶认知

驱动性问题将引发学生经历怎样的高阶认知历程？

4. 学习实践

学生将在项目式学习中经历怎样的持续探究？

5. 公开成果

项目将期待学生产生怎样的公开成果？

6. 学习评价

如何评价学生的学习过程和项目成果？

这样系统、综合的思考，已经超出了原来的教学设计的范畴，是在知识观、学生学习、学习关系等多个层面上进行的统整，兼顾了学习的设计和课程的设计。事实上，学科项目式学习就是在进行学科课程的中观设计，进行富有探究性的学科单元的设计。这在一定程度上可以解决分科教学和探究的矛盾，打通3类课程的知识与能力的壁垒。

这6个维度在学科项目式学习中表现出双线并行的特征。也就是说，一方面，它的设计是基于课程标准中的关键概念和能力；另一方面，又指向创造性与批判性思维、探究与问题解决、合作等重要的跨学科素养。这种项目式学习的设计，体现了学科学习中学与教方式的变革与真实的问题解决情境的整合，体现了学科和跨学科素养的融合。

1. 确定核心知识 （指向学科素养）	2. 设计驱动性问题	3. 设计高阶认知策略 （指向跨学科素养） 4. 设计学习实践

5. 设计公开成果
6. 设计学习评价

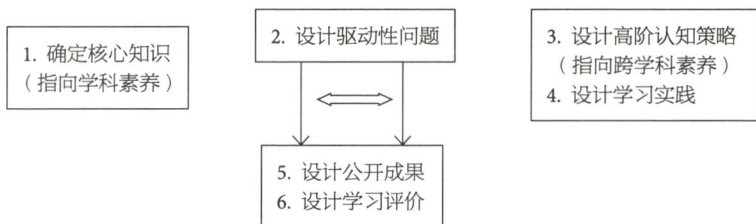

三、学科项目式学习的实施

学科项目式学习一般都是由核心学科的教师进行指导，学习往往会变成学科的拓展延伸，但是项目式学习最终所指向的是学生综合素养和能力的提升，所以学科的项目式学习需要超越原来的对知识的"点"式理解，并从最高一层的"网"的角度来思考这些知识在真实情境中的可能性。

学科项目式学习实施范式

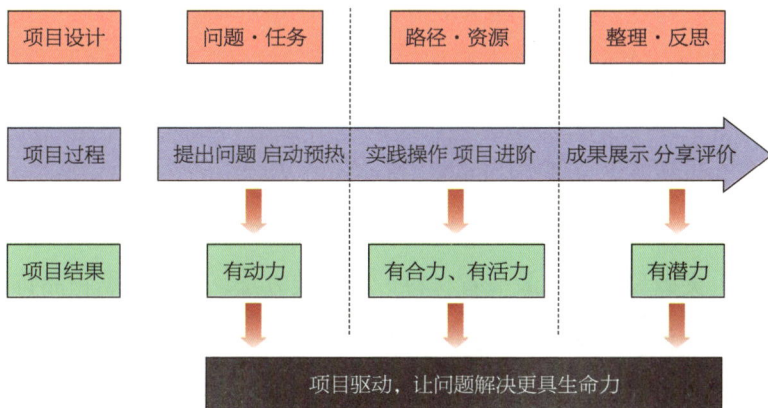

项目设计	问题·任务	路径·资源	整理·反思

| 项目过程 | 提出问题 启动预热 | 实践操作 项目进阶 | 成果展示 分享评价 |

| 项目结果 | 有动力 | 有合力、有活力 | 有潜力 |

项目驱动，让问题解决更具生命力

案例举隅：数学实验部之五年级"我是包装王"（杭州市求是教育集团陈洁提供）

"我是包装王"一直是一门比较热门、研究得比较多的拓展课。在这门课上学生们主要解决了"怎么包最节省材料？"的问题，在拼一拼、算一算、比一比的活动中，学生不难发现"拼的面越大，就越像正方体，也就越节省材料",有的课堂在得到这个结论后就结束了,有的则继续结合生活问题进行浅层次的拓展。这门课带给我们一些启示,能否把包装问题也设计成一次项目式学习呢?

【启示:项目式学习的孕伏】

【思考一:形成思维定式】

以"节省材料"为主要目的的包装方法是否适用于生活中所有物体的包装情况呢?

【思考二:探究过程随意】

合力研究过程是否真实发生?学习体验是否深刻?

【思考三:缺乏结论应用】

学生在探究问题后能否形成一些关于包装问题的学习成果呢?

【透视:教学目标的定位】

包装问题作为生活中常见、应用很广泛的问题,教师不应该只把眼光放在课堂内,而应让学生在掌握"怎么最省材料"的包装问题的基础上,把眼光放得更远一点,让它更生活化,引发学生更多地去思考:生活中的物体怎么包装能更合理?让问题更有实际意义。

基于以上认识,我们把这节课的教学目标定位为:

(1)突破只考虑"最节省材料"的包装方法,学会根据物品特点和情境需求设计包装,成为有思想的包装王。

(2)通过操作、观察、比较,强化学生的计算能力,发展学生的空间观念,培养学生分析、比较、归纳和动手解决实际问题的能力。

(3)通过活动,培养学生的探索精神,让学生感受数学与生活的密切联系。

我们的定位不只是让学生掌握知识点,而是定位于让学生运用数学知识解决实际问题的项目式学习,让数学味浓一点、探究味浓一点、生活味浓一点!

【梳理：核心知识】

列出数学学科所涉及的主要知识：长方体表面积计算、重叠问题、包装问题。

【尝试：教学环节的实践】

（一）引发"动力"：提出问题，启动项目

1. 链接经验：同学们，我们已经研究了4罐茶叶组合包装的问题，还记得吗？

学生已经有了"怎么包装最节省材料"的数学问题的解决模型，通过带领学生回顾上一课时研究的整个过程，唤醒"拼的面越大，越像正方体，体积就越小"的已有经验。

2. 打破思维：那生活中的物品全都是按照这样的方法包装的吗？如果答案是"否"，不一样在哪里？

出示超市物品展示页，引发学生认知冲突：怎么和数学课本上的包装方法不同？打破学生原有经验。接着，请学生角色扮演，思考"你觉得包装设计师在设计时会考虑哪些问题？"

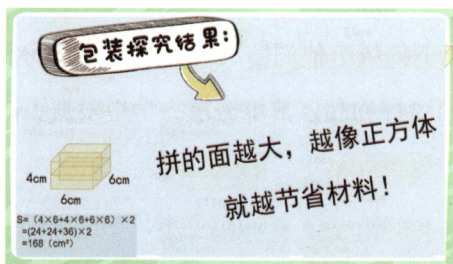

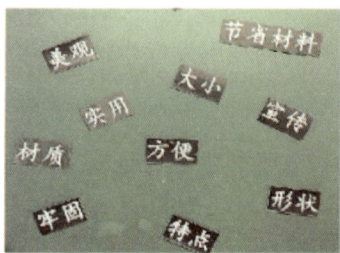

3. 确定问题：这3样物品要进行组合包装，怎么设计最合理呢？

材料	包装要求
A　6个礼物进行组合包装　14cm　5cm　22cm	我的好朋友欢欢马上要过生日了，我给她准备了6个不同的琥珀标本，为了制造惊喜，我打算将它们组合包装，你们能帮我设计一个最合理的包装方案吗
B　12个盲盒进行无盖组合包装　10cm　5cm　5cm	最近我们刚生产了一批盲盒，准备12个为一组进行无盖包装，怎么设计最合理呢
C　12包纸巾进行组合包装　3cm　5cm　7cm	今天到了很多纸巾，一个个放在货架上太乱了！如果每12包进行组合包装再摆放，就整齐多啦，你们能帮我设计一个合理的纸巾包装方案吗

　　我们在引发学生认知冲突的情况下提供给他们解决问题的资源，我们为学生提供了3份素材，并成功赋予了3样物品以情境需求。学生根据不同的包装要求展开活动与思考。

（二）促进"合力"：共同探究，实践项目

1. 合理分工，提高效率

合作探究是项目式学习中必不可少的一种学习手段，那么如何让学生的小组合作不只是走过场呢？怎么设计小组合作活动更有实效？下面是本课中关于小组合作教学的一点尝试。

师：同学们可以4人为一个小组，小组内要分工，老师先给你们2分钟的时间，你们先分工。

小组1：×××是组长，×××负责拼搭，×××负责记录，×××负责汇报。

小组2：×××和×××负责计算和记录，×××负责拼搭，×××负责汇报。

师：同学们安排得都比较合理，做到了人人参与，非常棒！

在学生分工完成后，教师给出一些建议：

（1）探究分工

4人小组合作探究分工模式

组长	讨论	操作	记录	汇报
1	1+1+1+1	1+1+1+1	2+2	2+2

备注：1表示1个学生，2表示两个学生。

（2）汇报分工

4人小组合作探究分工模式

总汇报	操作	补充修正	协调
1+1	1+1	2	1

备注：1表示1个学生，2表示两个学生

2. 协作完成，参与探究

（1）明确要求：研究前我们一起来看看要求。

小小包装员

班级：_____ 姓名：_____

4罐茶叶组合包装，为了节约包装纸，你们
某怎么设计呢？需要多少面积？

6cm
3cm 2cm

	设计1	设计2	设计3
设计草图			
所需面积			
比较选择			
我的发现			

温馨提示

1. 选一组研究
2. 一起讨论方案（想象、摆拼）
3. 分组记录方案（画图、计算、说理）
4. 准备汇报（摆拼、介绍、补充）

（2）开展探究：老师给你们准备了研究单，请同学们一边探究一边记录。

（三）注入"活力"：搭建舞台，汇报成果

项目式学习要求能获得一个成果，数学项目式学习更多的是提供一种解决问题的方案，每个项目组需要设计并检验方案是否符合要求，还要概括出最优方案的"推荐理由"。

1. 成果展示，互动交流

师：都设计得怎么样了？接下来我们就来办一个小小的包装设计展！

2.对比辨析，得到结论

方案	物体	辨析	推荐理由
方案一	14cm 5cm 22cm		这种方案最节省包装材料
方案二	10cm 5cm 5cm		这种方案既方便抽取也比较节省材料
方案三	5cm 3cm 7cm		这种方案展示面积最大，宣传效果好

3.回顾归纳，总结经验

探究后小结：原来包装里还有这么多的学问！研究到这儿，我们回到课前的头脑风暴，你们觉得哪些因素是我们首先要考虑的，哪些是需要兼顾的？

（四）激发"潜力"：及时反思，评价项目

在活动最后及时组织学生进行自评和组评：同学们，今天我们自己当了一回包装设计师，那在今天的学习过程中，你们觉得自己表现得怎么样？赶快拿出评价单评一评自己的表现吧！

我们从3个维度对探究情况、合作情况、成果情况设计了评价单，评价单如下：

来评一评吧！

班级_____ 姓名_____

同学们，这节课我们探究解决"**如何包装更合理**"的数学问题，大家一定收获很多吧！赶快来评一评在这节课上你的表现吧！

（每项满星为3★）

项目	评价内容	自评	组评
探究情况	1. 我善于思考，能参与探究过程中的讨论		
	2. 我善于倾听，能认真听取同学发言时的内容		
	3. 我善于动手，能参与探究过程中的操作		
	4. 我善于分析，能给出自己的判断及意见		
	5. 我善于汇报，能参与探究成果的汇报		
合作情况	6. 我们小组分工合理，我服从小组的安排		
	7. 我们小组合作愉快，我完成好了自己的任务		
成果情况	8. 我们小组有探究学习成果，质量不错		
	9. 我们小组在本次探究学习中有新收获		
	10. 我们小组的探究成果，同学们认可度高		
总评			

项目式学习的评价考查的是学生的问题解决能力和小组合作能力。不仅关注制作的作品、完成的成果等学习结果，还关注这些学习结果得以产生的过程，包括选定项目、分工、活动探究、作品制作、成果交流和活动评价等。学生能在评价过程中及时地反思此次项目式学习的全过程，认识到不好的地方，及时修正，不断挖掘自己的潜力，不断发展。

【启示：关于学科项目式学习的思考】

1. 项目设计：什么样的活动学生更感兴趣？

项目式学习与拓展课相比更加综合，在活动中，学生不仅要综合运用所学知识，还要调动多种感官和能力解决生活中的问题，在这样的活动中，学生的自主性得到了很好的展示，项目式学习也因此成为学生非常喜欢的一种学习方式。在设计项目时，我们可以向学生征集话题，做学生真正喜欢的、更有趣味的活动，例如，"养蚕中的数学""给小狗搭建一个家"等等。

2. 展示设计：如何让学生的数学表达多元化？

在项目汇报成果的环节，学生可以充分发挥自己的优势和创意，采用多种方式来表达，例如，有的同学用思维导图，有的同学用计算推导，有的同学用文字等方式展示过程、表达观点，只要合理即可。

3. 评价设计：什么样的评价能更有效地促进学生发展？

在项目式学习评价中，学生根据评价量表对自己的学习过程进行评价，反思自己在探究过程中的表现，以及在项目式学习中的收获和不足。通过自评，学生能对自己的学习有更清晰的认识。除了纸质评价，教师还要搭建更多的平台给予学生展评的机会。通过展示评价，创设良好的学习氛围，提升学生的积极性，也促进项目式学习更有实效。

由此案例可见，通过实践，我们能感受到项目式学习在教学中的价值，但在具体实施过程中仍存在不小的困难。因此，若要在小学数学教学中实施项目式学习，需要在开发、实施、评价等方面做更进一步的思考，这也对我们小学数学教师的专业素养提出了更高的要求。

第三节　求是少科院的跨学科项目式学习

一、跨学科项目式学习的学习定位

跨学科项目式学习的核心知识来自两个及两个以上学科，单一学科的知识网络无法解决跨学科项目式学习中的问题，跨学科项目式学习最终的项目成果也体现了多个学科共同作用的结果。

跨学科项目式学习强调通过学科间不可分割的联系达到整体理解，具体而言：跨学科项目式学习基于两个或两个以上学科的核心概念与能力，或者基于一套超学科的概念体系的共同作用来促进对学生世界的深度理解。学生汇聚两个或两个以上的学科概念来解释现象、解决问题、创造作品，从而产生新的理解、创造出新的意义。这是他们在单一学科的学习中无法做到的。

跨学科项目式学习有4个特征：一是跨学科要以对现实问题的研究和解决为依托；二是跨学科要超出单一学科研究的视野，关注复杂问题或课题的全面认识与解决；三是跨学科要有明确的、整合的研究方法与思维模式；四是跨学科旨在推动新认知、新产品的出现，鼓励在跨学科基础上完成创新与创造。跨学科课程能在一定程度上打破学科知识的界限，有利于破除传统学科教学知识孤立化、碎片化的弊端，打破传统分科教学"去生活化"的藩篱，使教学回归儿童的生活，有利于培养学生对真实问题的解决能力，有助于提升学生的学习兴趣与动机，培养学生的自主性与合作能力。

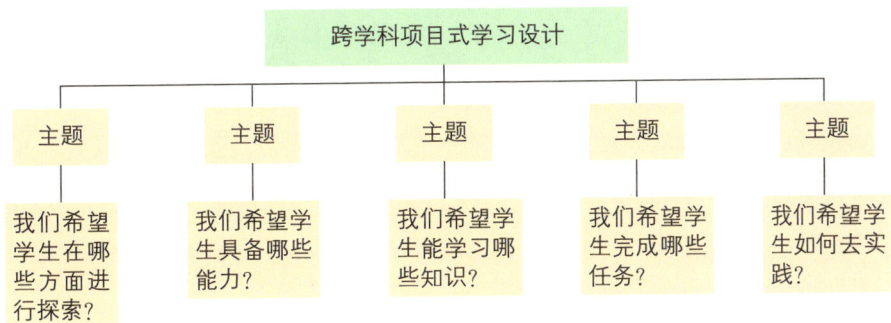

```
                    跨学科项目式学习设计

  主题        主题        主题        主题        主题

 我们希望    我们希望学   我们希望学   我们希望学   我们希望学
 学生在哪    生具备哪些   生能学习哪   生完成哪些   生如何去实
 些方面进    能力？      些知识？     任务？      践？
 行探索？
```

二、跨学科项目式的实施元素

（一）目标维度

知识与素养并重，跨学科项目式学习的项目目标，有明确的知识目标和素养目标。知识目标定位于学生将知道、将理解的知识，不只是停留在细碎的事实性知识上，而是尽可能涉及所有学科所指向的学科上位知识和核心概念。

（二）情境与活动维度：过程与结果并重

1. 创设学科间的联结

跨学科项目式学习先要建立跨学科的关联，并利用相关工具形成学科知识概念架构图，设计出本质问题。

2. 深化驱动性问题

跨学科项目式学习中的驱动性问题是项目的心脏，好的驱动性问题是用高阶任务替代低阶任务。不同的跨学科项目，驱动性问题的确定与情境的创设一般可尝试3种导向，即角色代入导向、产品设计导向、思辨争议导向，或者将3种导向交叉运用。教师在教学设计中要迭代深化驱动性问题，让问题具有情境性、开放性、挑战性、创新性。

3. 布置结构性任务

跨学科项目式学习旨在培养学生整体性思考问题的思辨能力和创造性解决问题的能力。教师要给予学生充分的话语权、选择权以及充足的时间和空间，并提供学习支架，在进程中，要分解目标与任务，精心设计启发与递进式的任务串或问题链。引发学生进阶性思维的前提是要对整个问题有大局观。在任务驱动中，学习要上升到关联学科概念，上升到策略，上升到对本质问题的回应，上升到在新问题情境中的创造，产生个性化的表达。

4. 成果与评价

跨学科项目式学习的公开成果反映了学生对整个问题情境探索的结果，成果中包含对相关学科概念理解程度的分析、运用与创造。整个学习评价要做到过程评价和结果评价双向并行，并融入多元评价。过程评价中既有学生自评、互评，也有教师评价、专家评价、家长评价。结果评价中要个人成果与团队成果兼顾，全面多维，评价内容包含知识范畴、成果演示和整体方案设计等。

三、跨学科项目式学习的学习实施

【跨学科项目式实施范式】

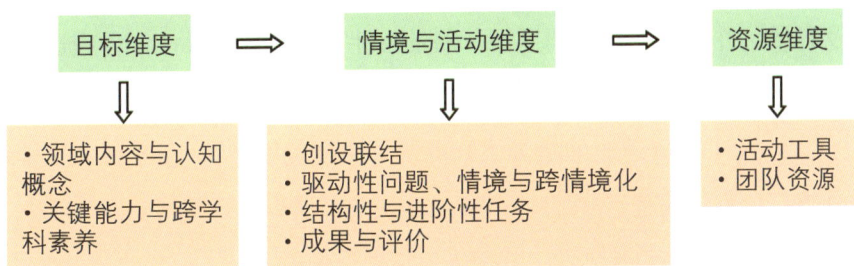

目标维度	⟹	情境与活动维度	⟹	资源维度

·领域内容与认知概念 ·关键能力与跨学科素养	·创设联结 ·驱动性问题、情境与跨情境化 ·结构性与进阶性任务 ·成果与评价	·活动工具 ·团队资源

案例举隅：科学探究部之四年级"防疫垃圾桶的设计"拓展课（杭州市求是教育集团　叶文晓等提供）

【项目背景】

创意活动是STEAM课程体系中一个十分重要的组成部分。"防疫垃圾桶"是针对小学四年级学生所设计的数学学科项目式学习拓展课，本次拓展课主要运用Arduino开源硬件平台与各类电子传感器元件，制作一个富有创意的"防疫垃圾桶"。该活动内容涉及数学平面图形和立体图形的再认，以及物体构造的工程技术，这需要团队合作和一定的空间想象能力，需要有对相关图形几何概念及性质的认知作支撑基础。

本项目通过让四年级学生了解疫情、尝试采取措施帮助防疫、熟悉科学实验的方法，培养学生对运用工具、记录数据，以及最终形成科学结论的完整过程的认识。同时，本项目鼓励学生将知识与创意融合，在现有垃圾桶的基础上设计一个新型的"防疫垃圾桶"，"防疫垃圾桶"需要一个独立的空间供人们投放使用过的防护物品，要求能尽量密封、独立存放垃圾，并能有简单消毒的功能。

【学习目标】

（1）学会绘制简单的立体图形，了解各种图形的自身性质，提升学生的空间想象能力。

（2）认识垃圾桶的基本结构；学会计算垃圾桶的尺寸和各分类桶的尺寸及容量，并能根据垃圾桶原型，测量与计算出各部分尺寸，合理选用制作材料。

（3）在STEAM理念的指导下，围绕"防疫垃圾桶"，在项目中安排垃圾分类、计算机编程、3D打印、传感器认知等课程，统整科学、数学、工程、信息技术等多门基础课，从而丰富该项目的内容。

（4）学会关注时事，会根据冠状病毒的传播途径等信息设计"防疫垃圾桶"，尝试考虑安全、密封、分类等因素，设计制作满足特殊需要的垃圾桶。

【实施过程】

1. 情境导向：基于个性成长的项目设计

（1）问题导学，激发思考

设计类项目的起源往往是针对现存事物的不合理，从这些不合理出发去"分析""评价"，发现问题、指出不足，进而改进。

在"防疫垃圾桶"的设计活动初期，学生被要求去观察校园里的垃圾桶，用挑剔的眼光审视垃圾桶，并在班级中展开讨论，呈现一个情境，提出一个问题。很多人没有垃圾分类的概念，这个情境在我们现实生活中是会遇到的。学生从生活实际出发，通过自己的体验和观察，去发现问题，这是设计出能满足防疫需求的垃圾桶的第一步，也是最重要的一步。提出改造一种新型垃圾桶这一驱动性问题，能够激发学生调动学习生活中所产生的创意点子，促进学生的想象力、创造力及解决问题能力，增强学生的批判精神，培养运用跨学科知识去解决实际问题的意识。

（2）问题驱动，出示任务

教师构建学习任务——了解病毒是如何在人群中传染的，引导学生，让他们意识到要战胜病毒，必须了解它的特点。可以通过电视、网络等媒介，让学生了解冠状病毒的传播途径，思考切断传播途径的方法。重点让学生关注两个核心问题：问题一，冠状病毒的主要传播途径有哪些？问题二，切断冠状病毒传播途径的方法有哪些？

围绕这两个问题，学生进行资料的收集，将资料中有用的部分整合编写成抗疫小报等，并存档。

收集问题，并设计评价量表。

病毒传播特性资料编写任务的评价量表

项目	分数		
	1	2	3
说明病毒传播途径	有介绍	内容符合科学原理	内容合理，介绍详细
如何切断传播途径	有介绍	内容符合科学原理	内容合理，介绍详细
查阅资料	没进行查阅	能自行查阅	能查阅并交流共享
版面设计	仅堆叠资料	版面清晰	版面清晰且美观

（3）小组合作，开展调研

学生搜索相关网站，收集有用信息并进行编写。学生组队，商讨分工，分享查阅的资料，整理信息。

问题清单：

问题1：什么是冠状病毒？

问题2：冠状病毒的生命周期有多长？

问题3：如何消灭冠状病毒？

问题4：冠状病毒的传播方式有哪些？

问题5：切断冠状病毒的传播途径有哪些方法？

问题6：专用垃圾桶防范冠状病毒需要哪些设计？

......

（4）聚焦问题，总结反思

结合以下问题进行思考：问题一，查阅资料时的信息共享是否丰富了你所编写的资料？问题二，你编写的资料对于下一阶段设计"防疫垃圾桶"的任务，是否有指导作用？

学生创意来源：

情景1：面对五颜六色的垃圾桶，"红、黄、蓝、绿"傻傻分不清怎么办？

情景2：两手都提着垃圾，腾不出手掀垃圾桶盖子怎么办？

情景3：垃圾桶盖子盖不牢，散发出难闻的气味怎么办？

情景4：废弃的口罩、手套等防疫垃圾如何处理？

……

2. 融合创新：基于理解为先的项目实施

（1）资源整合，合作实现

任务：确定垃圾桶改装要求，新型垃圾桶既要保障安全，还要考虑材料限制，具有可行性。

引导学生讨论并思考垃圾桶的改装需要注意什么。

让学生关注三个核心问题：问题一，如何在现有垃圾桶的基础上增添专门投放防疫废品的区域？问题二，安全性如何实现？密封和简单消毒如何实现？问题三，如何做到安全性与美观性兼顾？

围绕这几个问题，学生进行资料的收集，并讨论交流想法。

设计需求征集表的评价量表，评价量表前置。

需求征集表的评价量表

项目	分数		
	1	2	3
改造安全性	有介绍	改造符合科学原理	内容合理，考虑全面
材料选择	有介绍	符合科学原理	科学且取材便捷
汇报	能进行汇报	汇报条理清晰	条理清晰且多人参与

（2）梳理想法，融合创新

学生查阅相关网站，收集有用信息并交流。围绕3个核心问题进行思考，用图片辅助文字进行表达，形成大家公认的改装方案。

基于对垃圾桶的密封性的思考，设计如下：

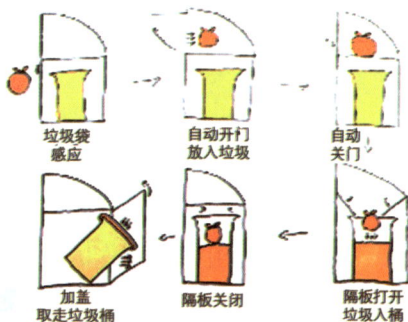

　　在自动分类垃圾桶的基础上，将传感器由颜色分辨改为亮度分辨，设计靠近开盖式垃圾桶。

　　先将垃圾投入独立投放口，待投放口关闭与人员隔开后，才打开垃圾箱内部通道。垃圾主动掉入垃圾桶，避免了人直接接触到垃圾箱。

（3）聚焦问题，总结反思

分析项目问题，各组同学围绕项目主题共同建立改装标准。

问题1：在交流中，你对改装的需求是否更明确了，想法上是否作出了什么改变？

问题2：材料的选取，如何做到功能和成本兼顾？

3. 深度体验：基于学习经验的项目设计

（1）制定方案，逐层递进

任务：设计"防疫垃圾桶"

要求：组成合作小组，围绕核心问题，根据现有垃圾桶的结构，展开头脑风暴，制定方案，并在纸上按照比例绘制设计图，并用文字标注重点结构。

设计垃圾桶改造设计图的评价量表。

垃圾桶改造设计图的评价量表

项目	分数		
	1	2	3
能否体现安全性	有体现	符合科学原理	内容合理,考虑全面
设计的可行性	有符合原理的方案	初步具有实现的可能性	方案翔实,可行性大
设计图绘制	进行绘图	清晰,有注解	清晰易懂且美观

（2）分工合作，绘制简图

以小组为单位，依据之前的调研情况进行组内头脑风暴，在符合实际的情况下画出本组即将制作的"防疫垃圾桶"设计图，进行设计交流。此过程有意考查和锻炼学生对平面及立体图形的绘制能力，使学生能在头脑中形成立体图形思维。

"智能旋转分类防疫垃圾站"设计图

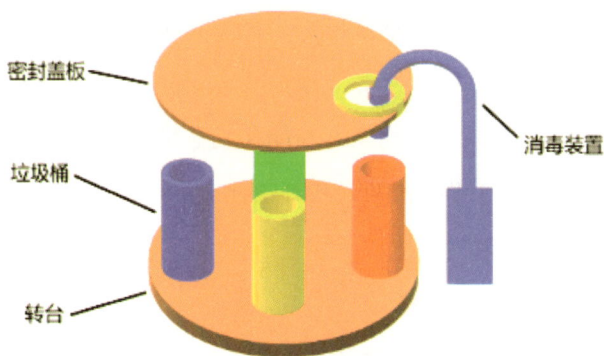

（3）聚焦问题，总结反思

结合以下问题进行思考：问题一，怎样让设计图的表达更清晰易懂？问题二，从别人的设计中，你能学习到什么来完善自己的设计？

4. 多向贯通：基于核心素养的项目评价

（1）要求前置，出示任务

任务：模型制作

要求：用身边常见的材料制作你所设计的垃圾桶的模型。

考虑两个问题：问题一，影响垃圾桶安全性的因素有哪些？问题二，影响垃圾桶外观的因素有哪些？

设计垃圾桶模型评价量表，评价量表前置。

垃圾桶模型的评价量表

项目	分数		
	1	2	3
能否体现安全性	有体现	符合科学原理	内容合理，考虑全面
实际改造的可能性	仅能在设定中实现	原理层面能实现	能据此设计制作出实物
外观	有一定美观设计	用了多种方法进行美观设计	外观设计与功能性结合良好

（2）团队合作，制作模型

用纸箱、PVC等家中可以获取的材料制作垃圾桶模型，将垃圾桶模型发布在网络上，与家人、同学、老师交流，进行反思和改进。

成果方式：上传作品模型的照片。

"智能旋转分类防疫垃圾站"功能介绍：

"智能旋转分类防疫垃圾站"可以帮您选择正确的分类垃圾桶。当您需要投放垃圾时，用脚踩分类垃圾桶对应颜色的按钮，相应颜色的垃圾桶就会自动旋转到投放口下方，投放完成后再踩"关闭"按钮，垃圾桶就会自动离开投放口，隐藏在盖板下，使垃圾站保持干净整洁。

本垃圾站的特色是：如果您投放的是防疫垃圾，投放3秒钟后，"防疫垃圾桶"会自动向桶内喷洒消毒液。

（3）展示分享，作品改进

项目展示是学生以或展览或视频的方式呈现整个项目实现的路径和成效的过程；教师指导学生以多元的记录形式来展现项目合作过程中的收获，指导学生完成创意作品的介绍、交流、分享，甚至是宣传。在此过程中，学生分享创意思维，反思创客过程的体验和收获。

"智能旋转分类防疫垃圾站"使用说明：

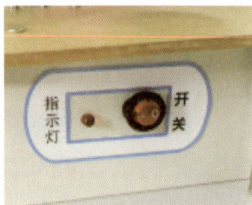

第一步：打开电源开关，垃圾桶自动归位，投放口下方无垃圾桶；

第二步：按"红、黄、蓝、绿"中的任意一个按钮，如按"红"，红色垃圾桶会自动旋转到投放口下方，3秒钟后，垃圾桶自动向桶内喷洒消毒液；

第三步：可继续按其他颜色按钮，相应颜色垃圾桶会自动旋转到投放口下方；

第四步：投放完毕，按黑色按钮，垃圾桶自动归位。

案例奥秘解析：

1."智能旋转分类防疫垃圾站"是如何实现自动选择垃圾桶的呢？

奥秘在于它的底座里放了一个会听指令、计步数的"步进马达"来驱动转盘旋转，让它的"大脑"记住每种颜色的垃圾桶"走"到投放口所需要的"步数"，然后用对应颜色按钮传达指令。

2."智能旋转分类防疫垃圾站"是如何自动喷洒消毒液的呢？

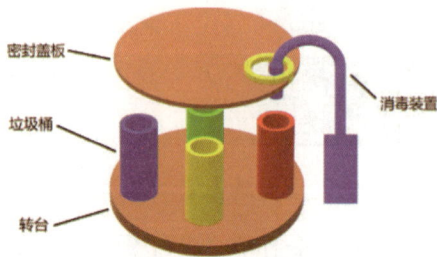

密封盖板
消毒装置
垃圾桶
转台

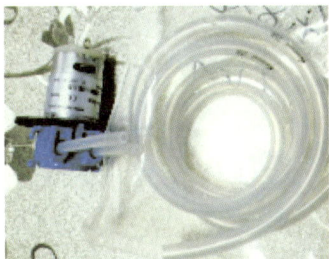

原来在它的转盘上放有一个消毒液喷洒装置，只要让它的"大脑"记住，每当红色垃圾桶转到投放口，间隔3秒后，就会启动一个小液泵，通过软管将消毒液喷洒到桶里。示意图如下：

案例推广价值：

"智能旋转分类垃圾站"可以推广到广场、社区、公园等室外公共场所。它有以下推广价值：

1. 占用空间小，垃圾桶隐藏在封闭空间内，整洁美观；

2. 智能选择分类垃圾桶，保证垃圾分类正确投放，并可以自动向"防疫垃圾桶"内喷洒消毒液；

3. 操作简单，方便老年人和儿童掌握操作方法。

四、跨学科项目式学习探索的收获

依据课程标准与教材，我们探索了两种跨学科项目式学习研发路径。

1. 化散为聚。从课程标准、教材内容出发，发散、延伸某一学科的知识宽度与阐释广度，联系真实生活与真实问题，并聚焦学科价值，开发出鲜活灵动的项目。

2. 化整为零。依据教材和课程标准，我校对学科交叉核心知识进行微观梳理，找到不同学科核心知识间的连接点与整合点，将分散的课程知识按知识内在逻辑进行重构，实现"有序组合、有机串接"，并针对某一核心概念、主导问题或作品创造，二度开发跨学科项目，形成新的学习情境和学习任务。

第四节 求是少科院的超学科项目式学习

一、超学科项目式学习的准确定位

超学科课程是以其他学科为基础开展的拓展性校本课程。它打破了当前学科课程形态下的传统学习方式，以探究为驱动。超学科课程根据课程设置中不同主题设学习单元，以单元内容为中心将各学科知识重新整合，以小组合作学习、项目式学习、探究式学习、情境表演式学习等学习方式激发学生的学习热情，并通过校内外资源整合的模式，为学生提供更加多元的学习体验。在这个学习过程中，学生将大量运用"自主、合作、探究、共享"的学习方式（自主：搜集信息、形成观点；合作：讨论交流、概念设计；探究：动手动脑、概念物化；共享：经验介绍、成果展示），通过超学科课程学习，为把学生培养成具有批判性和创新性思维的未来公民奠定基础。

二、超学科项目式学习的设计原则

超学科课程的学习形态主要借鉴了问题式学习，提供材料，让学生发现问题；提取观念，形成概念，让学生通过合作探究体验的学习方式，初步形成分析和创造的高级认知品质和能力。在超学科项目式学习里，没有教材，没有标准答案，让学生总是在探索的路上，体验过程的乐趣。这样，学生收获的不只是学科知识的综合应用，不只是实践活动的体验感，还有高级认知思维水平的发展。同时，我们要让学生通过现场学习的方式去认识自我，认识我与他人的关系、我与自然的关系、我与科学的关系、我与社会的关系等，让学生在开阔思维的同时，更好地发展情感、价值观、社会性，为形成创造能力奠定一定的基础。

建设超学科课程体系需要把握好4个要素：第一，超学科课程要与当前的学科课程体系相衔接；第二，超学科课程要与各个年级的学科认知水平或学科体系相匹配，不能超越；第三，超学科课程是真正面向全体学生的课程，要让不同的学生作出不同的选择；第四，超学科课程需要一批复合型的教师。

三、超学科项目式学习的有效实施

（一）超学科项目式学习实施范式

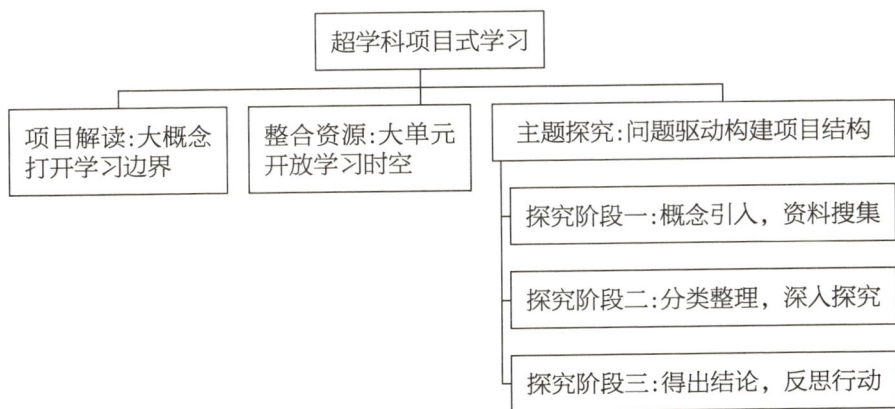

```
                    ┌─────────────────┐
                    │ 超学科项目式学习 │
                    └────────┬────────┘
        ┌────────────────────┼────────────────────────┐
┌───────────────┐  ┌───────────────┐  ┌───────────────────────────┐
│项目解读:大概念 │  │整合资源:大单元 │  │主题探究:问题驱动构建项目结构│
│打开学习边界    │  │开放学习时空    │  └───────────┬───────────────┘
└───────────────┘  └───────────────┘      ┌────────────────────────────┐
                                           │探究阶段一:概念引入，资料搜集│
                                           └────────────────────────────┘
                                           ┌────────────────────────────┐
                                           │探究阶段二:分类整理，深入探究│
                                           └────────────────────────────┘
                                           ┌────────────────────────────┐
                                           │探究阶段三:得出结论，反思行动│
                                           └────────────────────────────┘
```

案例举隅：科学探究部之四年级"茶种植探究"拓展课（杭州市求是教育集团　张方靖玉提供）

主题	茶种植探究
项目解读	学校开辟了茶叶生态种植实验基地，使学生能实时实地观察研究植物的生长规律，感受现代科技种植的魅力，同时，学生可以依托科技生态园开展研究性学习活动。这是学生在持续观察、记录茶叶生长状态后作出的研究分析与推断，虽显稚嫩却反映了学生探究的热情与科学的研究态度
整合资源	了解茶文化在中国文化中的地位，在校园劳动基地实践
	以主题式小组合作探究的方式进行讨论
主题探究	一、探究前知多少 1. 关于茶叶知多少 　　根据制造方法的不同和品质上的差异，将茶叶分为绿茶、红茶、乌龙茶(即青茶)、白茶、黄茶和黑茶6大类。根据我国出口茶叶的类别，将茶叶分为绿茶、红茶、乌龙茶、花茶、普洱茶5大类。根据我国茶叶加工分为初制、精制两个阶段的实际情况，将茶叶分为毛茶和成品茶，其中毛茶分绿茶、红茶、乌龙茶、白茶和黑茶5大类，将黄茶归入绿茶一类;成品茶包括精制加工的绿茶、红茶、乌龙茶、白茶和再加工而成的花茶、紧压茶和速溶茶共7大类 2.关于探究知多少 　　我们的问题有好多呢！小组确定要研究的主题了吗？小组内分工完成了吗？快来继续讨论并完成我们的寻访准备表吧 二、我们一起来研究 1.确定研究主题 　　了解茶叶的生活环境习性，知道茶叶的种类和制作方法，让学生探究茶文化的秘密。培养学生合作探究的能力，加深对茶文化的了解

续表

主题	茶种植探究
主题探究	2.制定我们的研究方案 　　请同学们挑选一个最喜欢的题目来进行研究，可以是茶树生长所需要的土壤，也可以是茶树生长所需要的温度，还可以是茶树对阳光的需要等 （1）学生进行小组分工： 我最想研究的课题是： 小组的分工是这样的： 组长： 负责：　　　要求： 副组长： 负责：　　　要求： 组员： 负责：　　　要求： 组员： 负责：　　　要求： （2）学生设计研究方案 　Ⅰ研究题目： 　Ⅱ研究内容： 　Ⅲ研究过程： 　　第一步： 　　第二步： 　　第三步： 　Ⅳ完成课题的时间： 　Ⅴ采用的研究方法： 　Ⅵ有必要现场走访考察的地方是： 　Ⅶ必要的设备： 　Ⅷ需要的帮助： 　Ⅸ成果形式： 　Ⅹ可能会碰到的困难： （3）能将整个研究过程用简短的语言描述一下吗？ （4）说一说，在研究过程中碰到了哪些具体困难？解决办法是什么？ 三、探究后知多少：我们一起秀一秀 　　通过探访茶园，了解茶树种植，大家有不少收获，也有了不少思考。那就让我们一起来交流交流，展示团队的成果，还要想办法做好宣传工作哦！
主题探究	【适合茶树生长的土壤】一般是土层厚度1米以上不含石灰石、排水良好的砂质壤土，有机质含量1%～2%以上，通气性、透水性或蓄水性能好，酸碱度PH值4.5～5.5为宜。 　　【适合茶树生长的温度】一是气温，二是地温，气温日平均需要10℃；最低不能低于−10℃。年平均温度要在18℃～25℃之间。 　　【适合茶树生长的阳光】光照是茶树生存的首要条件，不能太强也不能太弱，茶树对紫外线有特殊嗜好，因而高山出好茶。

续表

主题	茶种植探究
收获	以茶叶生态科技园为依托，以本校生态园为主体，对茶叶生长、繁殖等生命现象进行观察、探究等，了解茶树种植的基本常识，以及茶叶的各种生长习惯。同时，本校生态园也可以作为科学三年级的植物单元的教学基地。我们利用周围环境开辟了生态种植园和茶叶体验基地，带学生进行了很好的体验活动

案例举隅：数学实验部之一年级"探秘腰围，解锁健康"拓展课（杭州市求是教育集团　陈诗怡提供）

主题	探秘腰围，解锁健康
项目解读	本项目以小学生肥胖率上升为问题背景。2020年，全国学生体质健康率基本呈下降趋势，肥胖率不断上升。因此青少年应当关注自身体质健康，但只凭每年一次的体检，我们难以及时监控自己的健康情况，于是，研究人员创造性地提出了"腰围、身高比"，只要我们知道自己的腰围和身高，再经过计算就能比较有效地知道自己的肥胖情况了。顺利引出："我们今天就要开展一场以'探秘腰围，解锁健康'为主题的健康大会。"进而以"如何在教室这样没有软尺的环境中，较准确地测量出腰围"作为驱动性问题发布任务进行研究。最后，根据计算出的数据制作健康手账
整合资源	测量腰围、身高会涉及测量的相关知识，测量腰围会使用转化的思想方法，在记录、汇报数据时会使用统计的知识，此外还需要运用计算、数据分析、数学建模等数学关键能力 结合科学中的测量、化曲为直等知识帮助测量腰围，结合科学知识给出健康建议，设计美观的健康手账
主题探究	（一）师生交流，创问题情境 小学数学项目式学习是基于真实的情境和问题来学习的，因此问题情境的创设十分重要

续表

主题探究	1. 聚焦时事，创设背景

1. 聚焦时事，创设背景

　　问题情境的创设是数学项目式学习的重要前提。本案例以小学生肥胖率上升问题为背景，上课伊始，教师告知学生一则教育部发布的新闻：2020年，全国学生体质健康率基本呈下降趋势，肥胖率却不断上升。紧接着播放《新闻1+1》连线教育部体育卫生与艺术教育司

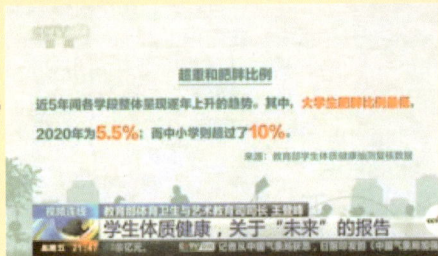

司长，强调青少年应当关注自身体质健康的视频，顺利引出："只要我们知道腰围和身高，再经过计算就能比较有效地了解我们的肥胖情况了。"

2. 明确任务，设计问题

　　身高很容易测量，因此身高的数据可以直接在体育老师处获取，但弯曲的腰围该如何测量呢？本案例选择了"如何在教室这样没有软尺的情况下，较准确地测量出腰围？"这一问题作为本节课的核心问题

　　选择此问题，是基于三方面考虑：第一，问题科学性。要知道腰围身高比必须首先测量腰围和身高。第二，学科相关性。在解决这个问题的过程中，学生需要经历思考、测量、统计等，从而培养学生的数学思维能力、团队合作能力、表达能力。第三，问题具有挑战性。这个问题需要使用到化曲为直的思想，对一年级的学生来说虽然有挑战性，但在老师的引导和团队共同的努力下是可以完成的

（二）小组合作，定实施计划

1. 分组讨论，规划方案

　　完成了第一阶段的任务后，学生分小组开始研究方案，通过讨论、补充、修改，最后形成该小组的活动方案，并且确认本组的分工情况、实验材料、实验方法、实验步骤等内容

材料准备：跳绳、尺子、笔、草稿纸

组内分工：（1）×××为组长，负责汇报；（2）×××负责测量，×××辅助；（3）×××负责记录

实验方法：直接测量法

实验步骤：（1）用尺子先测量出腰正面的长度；（2）直接将尺子对齐腰的侧面测量出腰侧面的长度；（3）测量腰后面的长度；（4）测量出腰另一侧面的长度；（5）将4个测出来的长度加起来就是腰围的长度

2. 实践探究，解决问题

　　完成了第一阶段的小组讨论和方案制定后，学生分小组根据拟定的方案开展合作研究，准备实验所需的材料，经历真实的解决问题的过程。学生利用自己的经验和智慧思考出了许多测量腰围的办法，并将结果记录在健康手账上

　　直接测量法：将腰围近似看作长方形，测量4条边再计算获得数据

　　分段测量法：将腰围分割成若干个较小的近似线段，多次测量，再相加获得数据

　　尺子滚动法：将尺子有刻度的一侧环绕腰围进行测量，将多次测量的结果相加获得数据

　　外套内测法：将外套展开并拉直，找到腰线位置，用尺子进行测量

　　绕绳拉直法：先将跳绳绕腰一周并做好标记，取下跳绳并拉直，测量两个标记点间的长度

　　……

续表

主题探究

在这一过程中，学生可能会遇到各种困难，需要组内每位成员团结一心共同解决。在操作中，也可能会遇到失败和挫折，学生需要从中吸取经验，调整自己的方法策略，最后利用可行的方法解决问题。学生由此也积累了活动经验，进一步巩固了测量的知识

（三）汇报交流，统计计算结果

1.分享成果，评价交流

小组研究后，教师组织学生回顾活动的过程，并分小组进行汇报交流。每个小组就本组的组员安排、实验材料的准备、实验的方法、具体实施的步骤、实验中遇到的困难以及实验的结果进行交流。其他小组的成员仔细聆听，进行评价，找出优点进行表扬，对于需要改进的地方提出建议。汇报的小组可以根据其他小组提出的建议进行自我反思

小组汇报后，教师引导学生从测量的知识、材料准备、测量方法、操作难易程度、测量结果等多角度对每个小组进行评价，给予学生肯定，并提出诚恳的建议

方法	优点	建议	结果
直接测量法	材料简单，操作简便	少算了相接的长度	测量数据偏小
分段测量法	材料简单	测量较麻烦	测量数据相对准确
尺子滚动法	材料简单	操作麻烦	测量数据相对准确
外套内测法	操作简便	外套比较宽松，会产生较大误差	测量数据偏大
绕绳拉直法	经过思考，思维严密	注意测量时，要将绳子的一头一尾拉直	测量数据相对准确

2.沟通联系，反思总结

评价反思后，教师与学生就使用的5种方法进行沟通联系，感悟在解决测量腰围这一问题时，各小组虽然采用的方法不一样，但都在想办法将没学过的知识转化为学习过的。在该环节，学生能感受到同样的问题可以用不同的策略去解答，可以选择多样的方法，通过找相同点和不同点进行对比沟通

在测量中，学生将要测的曲线转化成了直线，深刻地感受了转化这一数学思想。在经历了确定问题、设计方案、解决问题和汇报交流的过程后，学生也都有自己不同的体会

这项活动特别有意思，和平时的作业不一样，我们都很喜欢。

本来觉得这项任务很简单，但实施起来还是会有一些困难，但是我们都共同努力，一起想办法解决了。

续表

主题探究	学生分享后教师进行总结：今天大家测量了腰围，生活中还有许许多多的事物需要测量，比如，操场的长度、教室的长度，甚至非常小的精密零件的宽度等等。同学们的思维被充分激活了，大家要将这些问题作为种子埋在自己的心中
	
	（四）评价建议，制健康手账
	1. 关注比值，知识拓展
	    回到今天测量腰围的任务上，由于一年级的学生没有学习过"比"的知识，因此教师使用信息技术将学生统计的腰围数据和在体育老师处收集的身高数据进行处理，得出每位同学的腰围身高比，并让学生记录下自己的比值。根据相关医学信息指出，腰围身高比是评价腹型肥胖的有效指标，对代谢综合征有较准确的预测。世界卫生组织的标准是，40岁以下人群的腰围身高比应该在0.5以下，如果超过0.6，建议就医进行进一步检查
	2. 结合生活，制作手账
	    学生将自己的腰围、身高以及电脑计算出来的腰围身高比，记录在自己的健康手账上。每个学生的数据都可能是不一样的，有的比值高，有的比值低，因此，最后一个环节是学生根据自己的生活习惯，制作一份属于自己的健康手账，将自己认为能够保持健康的小妙计写在手账上，为自己立下一些小小的健康目标

成果展示	我的健康手账 我的姓名 我的腰围： cm 腰围身高比： 我的身高： cm 我的健康小妙计：

直接测量法   分段测量法   尺子滚动法

外套内测法   绕绳拉直法

第六章

基于求是少年创新科学院平台的
跨学科项目式学习的评价系统

什么样的学生才是好学生？如何对学生的学习进行评价？这是当前教育中的热点问题。近年来，《教育部关于推进中小学教育质量综合评价改革的意见》中强调，要建立综合评价指标体系，把学生的品德发展水平、学业发展水平、身心发展水平、兴趣特长养成、学业负担状况等方面作为评价学校教育质量的主要内容。《浙江省教育厅关于深化义务教育课程改革的指导意见》中也指出，要建立科学的教育质量评价体系，探索推广过程性评价、表现性评价和发展性评价，探索形成多形式、人本化的学生发展评价机制。

在这样的教育背景及政策指引下，求是少科院的老师们，以求是教育集团自身的教学特色为出发点，改变了以往过于单一、集权、零散的评价方式，探索出了一套基于项目式学习的评价体系，分别从"五力"，即践行力、学习力、探究力、品鉴力和组合力5个维度进行评价。

求是少科院的评价体系围绕其拓展课程，以项目为中心，从内容设计、标准制定、过程管理、成果展示、结果反馈等方面进行了科学的研究与设计，从而呈现出评价内容具体化、评价指标细节化、评价方式多样化的，系统、全面的评价体系。求是少科院评价体系各个环节均体现出学生的主体性，激发孩子的积极性和求知欲，使其愿意参与其中。评价体系通过强化素质教育导向，引导学生按照综合素质测评的标准和目标全面发展自己，激励学生张扬个性，根据自己的特长、兴趣，不断发现自我、突破自我，从而促进其全方位发展。

培养既具民族情怀又有国际视野的，"有自信·爱探究·乐健体·善交流"的求是阳光学子是求是教育的育人目标，也是所有学生和家长的目标所向。新时代的人才是多元的人才，新时代的人才是创新的人才。求是少科院相信每个孩子，承认他们是拥有不同的技能、天赋、需要和经验的个体，对每个孩子都寄予厚望，为孩子提供个性化的学习之旅，为他们搭建施展创新才华的舞台。每个学生都是好学生，每个学生都能成为更好的学生！

——求是少年创新科学院导师　陈栋

陈栋

医学博士，浙江大学医学院附属第一医院肛肠外科副主任医师。

<table>
<tr><td>第一节</td><td></td></tr>
</table>

第一节 科学探究部跨学科项目式学习的评价

一、基于科学探究部的评价指南

（一）科学探究部评价总目标

如何对学生的学业进行评价，是当今世界的教育热点。基于项目式的学习评价彻底改变了以往过于单一、集权、零散的评价方式，新型综合评价体系在促进学生探究能力发展的同时，也在不断推动学校快速发展。

少科院科学探究部的项目式学习评价由原来的一味强调学生学习的结果转向关注其学习过程；由被动反应转变成积极的意义建构；从评价具体的、独立的技能转变为整体和跨学科评价。注重元认知。项目式学习评价不再局限于学生的学业成绩，还关注其思想品德表现、创新精神和实践能力。科学探究部的项目式评价方法多样，不只重结果，还注重学生的成长过程；评价中重视学生的主体地位，充分调动学生参与的积极性；对于学生的评价表述更注重使用事实性、描述性和发展性评语，慎用判断性结论，对学生的发展性评价采用非判断性的定性描述。少科院科学探究部的评价还特别关注对学生探究积极性、探究能力的培养。

（二）科学探究部评价项目

少科院科学探究部的项目式学习评价主要注重对学生科学素养的培养，比如对学生探究积极性和能力的培养。从5个维度，也就是通过"五力"和"五力"发展水平来进行评价。"五力"具体指的是践行力、学习力、探究力、品鉴力和组合力。践行力体现学生品德修养和道德实践能力；学习力体现学生学习能力和学业水平；探究力体现学生积极参与探究实践活动的情况；品鉴力体现了学生的艺术修养和审美能力；组合力体现了学生在参与学习和各类活动过程中的团队精神、合作意识和合作能力。"五力"发展涵盖了学生在德智体美劳等各方面的发展情况，反映了学生的综合素质水平，同时又突出了少科院科学探究部的重点培养目标，即对学生探究能力的培养。

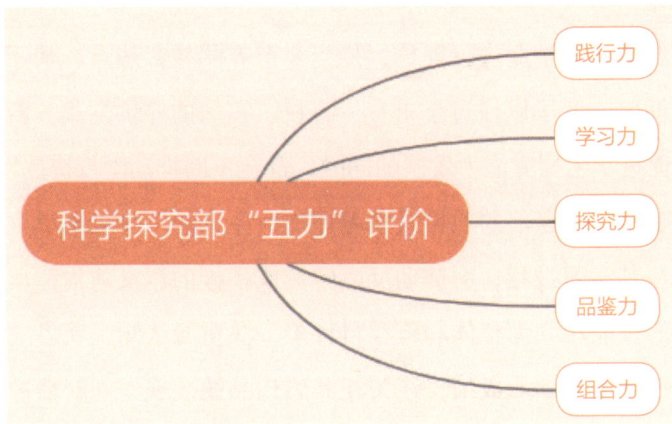

（三）科学探究部评价细化指标

1. 评价内容设计

科学探究部的项目式学习评价可以分成过程型项目作业评价、考察型项目作业评价和最终项目产品评价。

（1）过程型项目作业评价：是以考查学生项目实施能力为主，项目结果为辅的一种评价。比如"建'高塔'"项目，要求学生在课堂内分组进行实践操作，搭建一个由废弃矿泉水瓶组成的"高塔"，要求有一定高度，并且"高塔"能稳稳站立，教师在学生搭建"高塔"的过程中要去观察每个学生参与项目的情况，并根据实际情况给予一定的评价。

（2）考察型项目作业评价：考察型项目是课堂学习的一个延伸，相对过程型实践项目来说，数量少得多。如"家乡水域考察"是一个有一定难度和自由度的考察项目作业，要求学生对小区周围的河道进行考察，涉及的范围比较广，学生需要准备和完成的内容比较多，难度相应较高。

（3）最终项目产品评价：还是以"建'高塔'"项目为例，个人或者小组合作完成"建'高塔'"项目后，教师对于最后的"高塔"，要有一定的衡量标准。再比如说科学探究部的"小秆称"项目，学生独立完成小秆称的制作，最后要以一定的标准进行评价，完成后的小秆称需要能称重一定的砝码才算是过关。

2. 评价标准制定

以争章情况作为"星级学生"评价的参考。少科院科学探究部各门课程的教师根据学生在项目学习中的表现，给予相应奖章作为奖励，根据每月争章情况，综合评定产生科学探究部每月的"星级学生"。评选掌握以下原则。

"探究力之星"评价标准：能积极主动地参与项目探究过程，乐于研究、会研究，能积极主动地提出各种问题，有很好的探究和创新意识。

"践行力之星"评价标准：积极参与讨论，不游离于项目之外；在课堂和项目学习过程中，认真倾听，及时做笔记、订正。

"参与力之星"评价标准：积极参与项目，在交流环节，通过理解、体会，用自己的话来表达意见；观点鲜明，有思想，点评声音洪亮，思路清晰，表达准确。

"学习力之星"评价标准：能对项目研究提出自己的不同看法，能提出相应的改进措施，还能在别人发言时积极互动，适时补充。

3. 评价环节设计

在少科院科学探究部，从评价内容到评价方式，均能体现学生的主体性。除了教师评价和同伴评价，还注重学生的自我评价。多主体、多元化的评价方式，让教师更加全面、合理地对学生进行评价；过程性评价和实践操作性评价的加强，可以引导教师关注学生学习的全过程，促进学生全面和个性地发展。我们基于科学素养，对项目前期的准备环节、项目中期的实施过程、项目后期形成的产品分别作出评价，培养学生的思维分析能力，促进学生的综合发展。

二、基于科学探究部的评价策略研究

1. 特长展示性评价

为了激发队员参与科学探究部项目的积极性，学校结合队员的活动，为队员搭建了展示的平台，同时对成果进行评价。展示的平台有短期活动展示和每学年科技节的作品展示两种。短期活动展主要有以下形式。

（1）舞动"中队展"

队员的活动作品可以以中队为单位，在学校中心地带进行展示，如在"环保自然笔记"活动中，队员们阶段性的自然笔记；在种植活动中，队员们的观察日记；队员们制作的绿植保护卡片等，这些都可以作为活动成果进行展示。作品在学校宣传栏等场馆进行展示，辅导员鼓励少先队员课间自主参观交流，让队员有满满的成就感。

（2）联通"校园展"

学校为队员们搭建不同的展示平台，依托小雏鹰电视台、小雏鹰个展、红领巾广播台、红领巾小舞台等红领巾阵地，展示活动成果，多维的评价形式可以让每个队员在活动中各显所长，也为队员们创设了相互学习和交流的氛围。通过这样的评价形式，激发队员参与活动的积极性，使其感受活动的乐趣。

（3）玩转"云端展"

借助微信公众号、校园网等媒体平台，推送活动成果，线上云端展可以向社会展示学生的活动成果，拓宽展示面，促进队员积极参与。

2. 探究力专项评价

（1）实时记录评价

队员们在专题探究中遇到动态生成的问题时，将之记在问题本上，课后交流反思；队员们围绕探究内容进行资料收集，用摘抄小卡片的形式粘贴在本子上，制成信息本；队员们可以用循环日记的方式，把每天的感悟写下来，这些方式促进队员们在活动时能有感悟、有提高，培养其探究能力。

（2）准时汇报评价

每个小队在规定的时间内汇报自己的活动成果，将自己小队在活动中遇到的项目探究经历与其他小队进行分享，传播活动成果和小队团结合作的精神。

（3）及时反馈评价

在少科院的科学探究活动中，教师要一周一次及时反馈，表扬记录详细认真的项目小队，表扬活动过程认真的项目小队，营造中队生态良好的舆论场氛围，鼓励其他小队向优秀小队看齐，认真开展活动，营造良好的探究氛围。

3. 跨学科综合评价

评价的目的不仅是为了学习本身，更是为了通过鼓励学生，培养学生的成长性思维，使其身心健康发展，真正实现每个求是小鹰的健康快乐成长！

（1）作品迭代更新有空间

在少科院科学探究室，每次项目学习结束后，学生们通过展示作品产生新的思维碰撞，给作品的迭代更新留出更大的空间。原项目组成员可以更新自己的作品，其他同学也可以基于前者的创意，增加新的创意，形成新一代的作品。这样的迭代让孩子们不断发展，形成一种成长性的思维。在这个过程中，孩子们能整合多个学科的知识解决问题。

（2）个人成长发展有空间

学生在少科院探究部经历项目学习后，个人能力得到了发展，变得爱动脑、会探究、乐挑战，并能将奇思妙想大胆展现在创新实践活动中。学生的个人成长发展离不开少科院的项目式学习教学理念。基于项目、围绕问题开展的科技研究也吸引了大批小小科学家的眼球，学生们自主探究、动手体验，这恰好就是智创教育实践的核心。智创空间还将继续拓宽创新教育的深度和广度，赋予它更多贴近社会、贴近生活的价值，为培养全球公民意识提供更好的实践基地。

（3）团队合力发展有空间

通过团队合力，调动团队成员的创意和才智，学生在面对困难和挫折时，会勇于面对，遇到成功时，也有人一起欢呼。在团队合力做好一个项目的过程中，大家出于自觉自愿，这一股强大而且持久的力量也将让同学们终身受益。

三、基于科学探究部的评价管理

1. 评价过程管理

观察法是评价工作者对评价对象就评价的各项指标直接进行现场观察的一种方法。此法多用于行为表现方面的测评，是按照要求，进行科学的控制，明确观察的内容重点，制定观察计划，记录观察结果的方式，是一种有计划的观察评价活动。在少科院科学探究部的项目学习过程中我们可以观察学生的学习态度、探究能力和合作程度等情况。每次项目合作中的同桌、周围同学、合作组同学都是最好的评价者，可以帮助老师进行过程性评价管理。教师、学生、家长等都应积极参与到学生学习的评价过程中，将评价变为多主体共同参与的活动。最终实现在尊重与关爱中进行评价；鼓励学生自我评价，自主发展；引导学生互相评价，共同成长。新型的项目教学评价就像一根奇妙的杠杆，能使教与学互动起来，收到意想不到的效果。

2. 评价结果反馈

德国哲学家莱布尼茨说："世界上没有完全相同的两片叶子。"每个人的生理素质、生活环境、受教育的影响程度及个人的努力程度等方面都存在差异；同一个项目组中，不同的学生在学习习惯、行为方式、思维品质和兴趣爱好等方面都存在不同，在动手能力的表现上也存在差异。教师应该关注到这种差异性，并设法加以引导。所以教师除了对学生学习的过程进行评价外，还要结合最终的产品作综合评价，并及时作出反馈。遇到动手能力弱的学生，评价时可以考虑其他方面，如学习态度、设计能力等。甚至当学生对自己的项目作品不满意时，还可以加以改进后参评。通过这样正向评价结果的反馈，就可以避免学生项目作品的低分和活动情况分不足等问题，学生的创作积极性明显提高。

3. 评价标准提升

（1）评价主体更多元化

在少科院科学探究部的项目学习中，学生、家长、教师、导师都将参与评价。学生互相评价，家长帮助评价，教师在教学中仍将发挥重要作用，只是会弱化角色，充当学生学习的伙伴和激励者，但是又不会脱离调控者的角色。这样的评价体系既体现学生的主体性，又体现教师的主导性，还能让家长热情投入，三方聚力，相得益彰。

（2）评价方法更多样化

运用多种评价方法对学生的不同项目目标、不同项目内容进行有效评价。多元化的评价可以借鉴他人成功的经验，也可以由教师、学生、家长等相关人员来共同完成，最主要的是坚持原则：凡是有利于提高学生科学素养的评价方法都要得到肯定。

（3）评价时机更全程化

良好的评价是为了促进学生的学习和发展，因此项目学习中的评价不能仅仅看最后的结果，而必须要伴随学生参与项目的整个过程，所以在整个项目的实施过程中，教师、家长都要随时关注学生的表现和反应，及时给予必要且适当的鼓励性、指导性评价。

第二节　技术研发部跨学科项目式学习的评价

一、基于技术研发部的评价指南

1. 技术研发部评价总目标

技术研发部主要有"智能天地""趣味编程""创意媒体""创客空间"等多门以动手实践为主的拓展性课程。技术研发部通过课程的实施，引导学生进行观察、思考，并在这个过程中提升学生的思考能力；指导学生通过动手实践将创意转变为现实，在锻炼的过程中形成强大的动手能力，同时了解和掌握相应的信息技术；鼓励学生通过积极动脑、动手，将自己的奇思妙想一步步地转变为实物；通过创新教育激发学生的求知欲，促进学习兴趣的产生。技术研发部的评价目标是通过评价更好地总结和提炼课程实施过程中的经验和做法，充分发挥评价的激励作用，提高学生的创意思维能力和动手实践能力。

技术研发部是少科院众多项目中非常注重小组合作的项目之一，在技术研发部的课程中，很多课程都是通过小组合作完成学习和探究任务的，因此在评价中也要非常注重对小组合作能力的评价，并通过评价激励学生更好地开展小组合作学习和研究。

2. 技术研发部评价项目

技术研发部在评价实施过程中更侧重于对学生创意能力方面的评价，评价的主要项目包括：情感态度、信息意识、创新思维、实践探索、团队合作等5大方面。

情感态度：主要指向学生学习兴趣和对未知知识的探究欲、好奇心，以及在学习实践过程中的常规和课堂表现。

信息意识：主要指向学生对信息的获取、鉴别和使用能力。在项目式学习过程中，会出现大量的信息，需要学生进行甄别和分析，找到最有效的信息，并通过加工，完成项目学习任务。

创新思维：主要指向学生在学习实践的过程中创造性地提出的解决问题的新方案和新思路。创新思维的培养是技术研发部的核心目标，因此在评价环节也会对学生的创新思维能力进行重点关注。

实践探索：主要指向学生在课程参与过程中的实践探索能力。技术研发部的课程都是实践性、动手操作型的课程，如何将自己的想法和创意通过实践变成现实非常重要。因此，在评价的过程中也会关注学生实践能力的提升。

团队合作：主要指向学生在课程实践中是否可以很好地发挥团队协作能力，是否能积极融入团队的合作中，发挥团队成员的特长，从而更好地完成相关的项目学习和实践。

3. 技术研发部评价细化指标

（1）评价维度设计

①以项目为单元展开跟踪式评价

项目教学是少科院技术研发部的基本教学方法之一，以项目为单元展开跟踪式评价，总览整个项目，从项目的设立、进展，到项目结束，来判断项目是否符合创新技能的整体发展。在项目建立开始就可以创建项目评价表格进行跟踪式的评价。

评价维度：
- **a.科学创新S**（science）
- **b.技术难度T**（technology）
- **c.搭建难度E**（engineer）
- **d.设计难度A**（art）
- **f.数学逻辑M**（math）

评出奖项：
- 小小工程师
- 科学之星
- 小小设计师
- 数学之星
- 创客之星

青少年创客大赛评分表

评委评分表

1.评委签字：

2.团队名称：

3.评委根据现场表现√选五个以内的选项：

以下评分元素中，不合格打1分，一般打2分，合格打3分，良好打4分，优秀打5分；总分25分。

a.科学创新S（science）	
b.技术难度T（technology）	
c.搭建难度E（engineer）	
d.设计难度A（art）	
f.数学逻辑M（math）	

②以学生为评价主体全面性评价

以学生为评价主体，根据各项指标评判学生的学习表现，将教师评价、组内评价、组间评价、学生自评的各部分内容进行整合，继而得出学生创新能力所处的状态与水平。

学生学习表现评价表

学生名字（ ）	具体完成内容（每位学生自己填写）	验收完成情况（评价标准：不合格1分，合格2分，一般3分，良好4分，优秀5分）				总评
		组内评	组间评	学生自评	教师评	
在项目中的具体分工	创新部分					
	技能部分					
	工艺部分					

（2）评价标准制定

根据少科院管理章程，技术研发部将结合学生在项目学习中的表现，给予相应奖章奖励，根据每月的争章情况，综合评定产生科学探究部每月的"星级"学生。评选按照以下标准进行。

"探究力之星"评价标准：能积极主动地参与项目探究过程，乐于研究、会研究，能积极主动地提出各种问题，有很好的探究和创新意识。

"践行力之星"评价标准：积极参与讨论，不游离于项目之外；在课堂和项目学习过程中，认真倾听，及时做笔记、订正。

"参与力之星"评价标准：积极参与项目，在交流环节，通过理解、体会用自己的话来表达观点；观点鲜明，有思想，点评声音响亮，思路清晰，表达准确。

"学习力之星"评价标准：能对项目研究提出自己的独特看法，有相应的改进措施，还能在别人发言时积极互动、适时补充。

（3）评价环节设计

自我评价：自我评价主要是学生通过自我评价量表对自己的学习活动情况进行评价，可以分为日常评价和综合评价。技术研发部每次活动结束后会有自我的日常评价，而在一个学习阶段结束后会进行综合性的评价。通过自我评价，能更好地提升学生的自我反思能力，助其养成阶段性总结的习惯。

小组评价：技术研发部的学习和活动将主要以小组合作的形式进行，因此，小组评价非常重要。小组评价是通过学习小组内的互评，提高学习小组内成员相互间的了解度，树立学习的榜样和目标。小组评价的重点是发现同学的闪光点，提出合理化的建议。同时小组评价还要进行组与组之间的评价。

教师评价：教师评价是在学生自评和小组互评的基础上进行的，教师评价将结合学生自我评价和小组评价的结果以及项目学习中的过程性评价和学习成果的终结性评价进行，教师的评价将全面反映学生课程学习的过程和结果。

二、基于技术研发部的评价策略研究

1. 全程性评价

技术研发部的课程学习往往针对某一项目进行持续的学习和研究，学习成果也将是阶段性的。因此在评价实施的过程中要特别关注探究学习的过程。

（1）日志记录，持续探究动力

技术研发部的每个学员从进入创作开始就要将想法、讨论、活动及反思及时记录到登记本上，形成创作日志。因此，在团队创作中会有一人要兼任记录员。

"创客空间"日志记录表

日志名称	智能按摩器	
项目阶段	初期调查阶段	
进展情况	☑按计划进行　　□超前计划　　□滞后计划	
活动内容	确定设计方向	9月30日 我们选定了张**的设计：按摩器。我们发现还没有人尝试让按摩器智能化。就这样，我们定下了创客的方向
	实地考察	10月3日 我们来到了长阳路中医馆，那里的按摩师为我们作了一次关于按摩的讲座。然后，我们研究了按摩器，决定用电极片来执行按摩，并把电极片改装成控制器，接受来自手机的信号

	困难		解决方法
1	按摩器的外壳需要订制，但是我们都不会3D打印	1	华**主动说他可以去学习3D打印，他哥哥会3D打印，可以找他哥哥指导
2	按摩器会加入手机控制功能，在设计上有创新点	2	翁**家里有旧安卓手机，她可用APP编程，写一个简单的小程序来控制电极片的电量大小
备注			

这本《创客日记》记录了创新活动的整个过程，记录了每一个组员的成长，从创意筛选、技术实现到用户验证。我们通过此次活动了解了什么是创客，学会了新的知识，明白了团队的重要性，交到了好朋友。

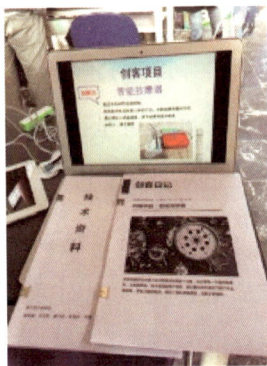

（2）课堂交流，锻炼表达能力

技术研发部的项目在完成过程中，同一项目组成员之间、不同项目组之间、学生和指导教师之间会进行大量的沟通和交流。随着项目的推进，随着对项目的来历和相关技术的不断深入了解，刚开始不善言辞的同学也渐渐敢于发表自己的观点和看法。控制论的创始人维纳曾说："一个有效的行为必须通过某种交流过程来取得信息，从而了解是否已经达到。"交流是创新教育的关键，把交流的结果映射到创客教育过程中，促使师生更全面思考，有助于提高创新探究实践的效率。

（3）课后反馈，保持创意活力

反馈贯穿整个创新活动中，从设计、建模到项目结束，每个环节都需要有反馈。指导教师及时反馈作品的优点和问题，学生及时向老师和同伴反馈自己的反思。通过每个人的反馈让学生跳出自己的思考圈，用评审的眼光看待自己现阶段的成就，在反思的过程中也思考作品存在的问题以及作品更新的空间，反馈让学生的作品处于开放状态，有不断改进的空间。在反馈的过程中能增进师生之间的互动，可以扩大课堂学习的深度与广度，活跃课堂气氛。让同学与教师合作完成某件事情，可以调动学生的思维和积极性。

2. 活动性评价

技术研发部的课程多为活动性课程，学生通过小组合作的形式在项目中以活动为载体进行学习和实践，因此，在技术研发部的评价中非常关注活动性评价，即通过学生活动组织的过程对学习和实践进行评价。通过活动性的评价可以更全面地了解学生或者小组在学习过程中的有效性，提高学习效率，改进活动设计。

为了让学习实践活动更高效，活动的设计至关重要，所以在活动性评价中需要高度重视对活动设计的评价和指导。学生通过小组合作的形式制定自己的活动计划，教师通过学生的活动计划书了解学生对活动的想法和创意及人员的分工等，并及时地进行指导和改进，帮助学生更好地设计活动。

活动过程是整个学习实践的关键，因此，教师要及时关注每一组学生的活动过程，并给予即时性的评价和指导。活动过程中的评价以点对点的个性化指导为主，教师针对每一组的项目内容和实施进度进行指导和评价。过程性的评价重点是帮助学生解决遇到的困难和问题，给予帮助和启发。通过这样即时性、针对性的指导评价，学生能够更好地完成项目化的学习任务。

在活动性评价中还要特别关注的是活动的成效，即每一位小组成员在活动中是否充分发挥了作用，是否完成了相关的工作和任务。对于分工不合理的现象，教师要及时指出并进行调整，最后还要关注规定时间内各个小组达成的效果，并将之与活动前制动的计划进行对照，就学生计划的完成度进行评价和反馈。

3. 跨学科评价

技术研发部的课程很多都是综合性的课程，课程中出现的新问题，需要学生运用多门学科知识进行解决，例如"创客空间"课程既要掌握信息技术和科学学科的知识，也要运用艺术设计的相关知识，因此在评价中需要进行跨学科的评价。通过跨学科的评价，教师能更全面、具体、科学地对学生的学习成果和过程进行评价和诊断。

在跨学科的评价中要注意对学习活动涉及的每一个学科知识点和内容进行评价。通过跨学科的评价能够更全面地评价学习的过程。例如，在"趣味编程"课程中，对学生的编程作业，既要有从信息技术的知识层面进行的评价，也要有在程序美观度上进行的评价，通过这样的评价可以帮助学生更全面地掌握知识，培养学生统筹解决问题的能力。在学生核心素养的培养中，能够实现学生更全面的发展。

在跨学科的评价中，教师还需要有明确的评价重点，不能平均用力。在课程设置和项目设计时就要设计好主要学科和辅助学科，对主要学科和辅助学科的评价要求也是各不相同的。在技术研发部的拓展性课程中，大部分课程的核心学科应该是信息技术。

在项目式学习的评价中，教师要精准地切入评价的要点，对每个项目的核心要点进行重点评价；而在跨学科的评价中，不同学科的交汇点是评价的要点。当项目的学习点涉及多个学科的知识时，教师就要特别关注多学科的结合点。教师需要通过评价，引导学生更好地利用不同学科的知识解决实际问题，通过评价指导，提升学生实际解决问题的能力。

三、基于技术研发部的评价管理

1. 评价动态管理

（1）课内展示，思维碰撞

学生的成果首先会在课内进行展示，在班级内、社团内进行作品的介绍演示。在面对面的交流过程中，教师引导学生学习沟通的方法，"我发现一个亮点……""我有一个疑问……""我有一个建议……"等，师生在积极向上的交流氛围中取得双赢的效果。

（2）课外展示，加强宣传

技术研发部的拓展性课程鼓励学生走出课堂，向自己不认识的同学、老师甚至社会人群展示项目成果，在向陌生人宣讲的过程中锻炼自己的胆量和口才，在接收赞美和质疑的过程中收获新的见解。通过宣传自己的项目成果，为智创空间、创新活动和自己的学校发声，起到积极的宣传效果。

2. 评价成果管理

学校通过每学期一次的拓展性课程展示、集团科技节和学生红领巾个展等活动为学生搭建成果展示的平台。通过线下展示的平台，学生的作品得到了充分的展示，这是对学生阶段性学习成果最好的评价。在展示过程中不断增强学生的自信心，提高课程的趣味性。

在数字时代，校园公众号、校园网、班级群、个人微信朋友圈都是展示成果的平台。这些平台可以让学生的作品从校内走向校外。

3. 评价标准提升

在技术研发部的评价中，随着学生能力的不断提升，课程体系的不断完善，评级的标准也将不断提高，项目式的评价体系也将不断完善。技术研发部的评价将重点建立学生的数字化评价档案，同时完善和提高过程性评价，不断完善的评价系统，将更好地服务课程实施。

第三节　工程项目部跨学科项目式学习的评价

一、基于工程项目部的评价指南

1. 工程项目部评价总目标

（1）素养取向，凸显4C能力发展

少科院工程项目部的学习评价体系的目标定位必须指向素养，它不是单纯地指向某个具体的、特定的知识层面目标，而是把4C，即批判性思维、创新思维、沟通能力、协作能力的发展设计在评价目标中。

（2）使用量规，科学引导进程

量规是一种具体罗列评价维度与评价标准的评分工具，其作用是保证评估与学习的一致性，包含整个工程设计流程的量规，将4C能力具体化，从维度和发展程度两方面设计评价工具，给学生及时提供反馈。

（3）驱动学习，自然卷入课堂

学习评价支架的使用贯穿于整个课堂。评价不仅能改变学生解决问题的思维模式，还是促进学生社会性发展的重要路径，更能让学生长期浸润在合作学习的氛围中。

2. 工程项目部评价项目

在工程项目部的课程实施中，教师到底要试图通过评价量表，帮助学生达成怎样的学习呢？学生个体（团队）或教师应该关注些什么呢？

（1）关联学习目标

教师在设计评价量表时，需要对项目所指向的学习目标进行关联，从可界定的角度，将目标转化成可测量的行为表现和可量化的评估内容。

比如，在"小工程师作坊"中，其评价内容有这样一段描述：通过经历木艺产品的设计与制作流程，学会在团队协作中解决实际问题，并对产品进行评价，形成批判性思维能力。

（2）确立评价维度

我们在关于项目学习目标的描述中可以提取到与评价有关联的部分，比如，目标中提到的"设计与制作""团队协作""解决实际问题""评价展示""批判性思维能力"等关键词，可将之转化为评价的维度："设计图""小组合作""问题意识及信息搜集""功能实现""自我反思和改进"。

（3）量化维度表达

如何将一个维度变得具有操作性和观察性，而且实现各个维度间的可区分性？教师在设计评价量表时，可以通过维度的表达来实现。

以评价批判性思维为例，教师可以以学生的预期内容和表现为参考，提供预设的标准，可表达为对设计图的"自我反思和改进"等。

3. 工程项目部评价细化指标

在工程项目部评价中，评价维度的表达要具体，仅有一级维度是不够的，教师可通过层级实现量化维度指标。比如，教师根据学习目标构建一级指标，再根据目标要求将一级指标细化为二级指标，最后量化为可具体衡量学生行为的评价标准。

以"童匠木艺"项目为例，其细化评价指标如下表：

"童匠木艺"学习评价表

评价内容	评价标准	评价视角		
		自我评价	组内互评	教师评价
认识常见木材及工具	如：能正确辨认松木、檀木、梨花木等；知道锯、刨、钻、磨4大类木工工具；能简单介绍木工工具的发展与演变等			
能用材料和工具进行简单的活动	如：能按照锯、刨、钻、磨的顺序使用工具；能按照活动主题选择合适的木材；会正确使用线锯切割木材等			
遵守课堂规则，按规则实践操作	如：课堂上认真听讲，遵守操作规则，不多拿无需使用的工具等			
活动中积极活跃，参与度高，不妨碍他人创作	如：积极认真参与制作，不随意破坏他人的作品等			
活动中体现一定的学习品质	如：专注、独立、自信、大胆创作、乐于合作等			
有一定的自我保护意识，能做好自我防护	如：能在课前佩戴好防护手套、护目镜，穿好围裙；不用蛮力切割木材等			
传承中华民族的匠心精神	如：专注、坚持、自主、有序、探究等			

二、基于工程项目部的评价策略研究

1. 评价内容多维化，环顾学习过程

传统评价多以静态的终结性评价为主，而工程项目部的课程将评价模式向动态评价、发展性评价转变。发展性评价内容充分结合学习内容，关注学习过程，学生可以边学边评，同时评价内容可以实时更新，同学们在

评价中可以看到自己的缺陷和不足，更有利于找到下一步的成长目标。并且，合理处理动态评价结果，有利于后续活动的开展，形成一个连续且长效的评价机制。

就教师而言，大部分的评价是通过课堂观察完成的。从课堂上的评估设计运用维度来看，学生需要阶段性地进行总结并反思自己的成长。以"模型设计"课程为例，可以设计如下不同学习阶段的评价，用于环顾学习过程。

（1）课前：KHW 量表驱动项目学习

KHW 是 Know-What-How 的简称，表示我已经知道了什么—我还想知道什么—我想运用这些知识解决怎样的问题。以此量表检查学生已有经验和学习起点。

（2）课中：元认知支架支持项目学习

元认知支架主要是过程监控，将项目的具体内容设计成学习过程的自我监测，如设计"过山车"项目的评估，就从顶点、拐点、额外奖励等过程陈述过山车的具体信息。

（3）课后：反思日志记录项目全过程

反思日志是一种非常好的、用来监测工程项目部课程中学生思考过程的方式，它针对进行的某个项目，从开始到成果展示全程进行记录，如在"欢迎来到少科院"这个项目中，学生有专项活动记录本，跟踪记录活动全过程。

2. 评价标准差异化，凸显学生个性

结合不同活动的主题和实施阶段，制定差异化的评价标准，把作品的表现力、对工具的认识度、创作过程的统筹能力以及条理性等都纳入评价中，对学生进行客观、科学的评价。

工程项目部的课程有"模型制作""小工程师作坊""智慧厨房"等，课程目标并非以学生成果是否被企业采纳或者参与某竞赛是否获奖为指向，而在于让学生在基础教育阶段能经历足够的工程设计的学习。教师会借助量规引导学生规范经历"像工程师一样思考"这一过程，以习得工程素养。以"小工程师作坊"为例，其形成性评测量表把工程设计的6个步骤（提问、想象、计划、创作、改进、测试）作为评价维度，将学生在每一步骤中所达成的水平分为入门级、成长级、熟练级、模范级4个等级，分别对应1分、2分、3分、4分，呈现学生在工程学习中的表现（见下表）。

"小工程师作坊"学习评价表

评价维度	1 入门级工程师 （没达到标准，或者工作不到位）	2 成长中的工程师 （基本能够达到标准，但尚有进步空间）	3 熟练工程师 （完全达到标准）	4 模范工程师 （严格达到标准并可作为其他学生的榜样）
提问 （通过问答来定义挑战内容和限制因素）				
想象				
计划 （选择一种设计并制定计划）				
创作 （设计要符合评价标准，也要在限制条件之内，需要测试模型）				
改进 （经过深思熟虑地反思，提出改进建议）				
测试 （该模型用于进行试验并记录准确的结果）				

3. 评价主体多样化，拓宽评价视野

为了使项目式学习更加符合实际情境，更具有专业性，并得到更多的支持，评价量表的使用主体可以是任何人，可以是自己、组员、教师，也可以是其他领域的人员。评价主体的多样性与合理性在评价过程中有着较为重要的作用和地位。不同于以往的单一视角，从多维视角出发，能够拓宽评价视野，使得活动中涉及的重要主体都能够自由发声，有利于全面、系统、客观地搜集多方的评价，从而为评价结果提供更加真实且丰富的证据；从多种评价视角出发，找到同一评价内容的不同着眼点；了解同一活动、不同主体的价值判断和选择；为最终评价结果提供更加真实且深入的佐证，使得评价能够更加科学。

工程项目部主要以形成性评价为主，评价主体包括学生、同伴、教师、专家。工程项目部的课程主要带领学生经历专家的工作流程，走进专家的工作环境，进入专家要解决的问题情境，实现真实的学习。学生在专家的讲解示范下经历"专业训练"，工程思维、科学思维等思维方式在此过程中逐步建立了起来。

因此，工程项目部评价的意图不是为了证明，而是为了改进。就如同案例"模型制作"中的这套"专家思考"模型的过程量规，让我们通过过程自测和成果展示这两个评价植入带动过程的规范性和学习深度，让学生从技术性、新颖性等维度进行自测。

"模型制作"工具设计举例

专家类型	课例	学习空间（情境）	评价工具
工程师	过山车	创客空间	工程设计流程量规
社会学家	社区建设	模型教室	民意调查对照表
天文学家	自制望远镜	天文馆	问题清单

三、基于工程项目部的评价管理

1. 借学习评价指向，实现评价过程管理

从素养目标与评价内容设计的角度来看，工程项目部的课程学习评价坚持与目标一致的素养导向，旨在将素养形成的过程可视化。在"智慧厨房"的项目迭代中，我们针对可操作的素养目标和相应的评价，设计了两步走的方案。

一是学习目标的迭代，在依据课程标准明确学科素养目标的同时，增加指向4C能力的跨学科素养。

二是在形成性评价方案中凸显针对4C能力目标的评价指标，分为积极参与、愿意沟通、提出想法、形成共识4个维度，既体现4C能力在个人学习中的发展，也体现团队4C能力的发展，还能通过自评和组内评价得到相对准确的评估。

2. 借评价结果反馈，促进学生成长社会化

工程项目部课程的评价结果是个人和团队的合作双赢，在强调合作的背后，不是不要竞争，而是不与他人竞争，与自己竞争，以此激发学生内在的成长需求和动力。要达成学生成长的社会化，首先要实施个体之间、小组之间的"无比较评价"，然后把自我学习放在团队学习中协同评价，最后是融入特别成长评估的自我比较。如此，作为一种学习评价的设计方案，有机地将个人的成长置于团队之中，以团队的成长作为个人成长的重要组成部分，突出了个人和团队的成长双赢，实现了让学生做最好的自己的目标！

3. 借评价标准提升，支持学生认知专业化

在工程项目部的评价标准中，不同学科和子学科、不同专业领域，甚至不同文化程度，在某种程度上都需要独特的认知方式。学科特有的思维方式是达成学科素养目标的通道。工程项目部课程中有很多项目是融科学、

工程、技术、数学为一体的课程，让多学科思维对话，丰富学生解决问题的思维模式，让学生像科学家一样思考、像工程师一样思考、像生物学家一样思考。借评价标准提升，还原专家解决问题的过程，让学生在严格规范的步骤中，逐步形成像专家一样的思考方式。

第四节 艺术体验部跨学科项目式学习的评价

一、基于艺术体验部的评价指南

1. 艺术体验部评价总目标

随着我国基础教育的不断发展，美育已经成为学生培养的重要目标和能力之一，通过美育不断培养学生感受美、欣赏美、创造美的能力。求是少科院作为学生拓展型课程的重要载体，将为学生搭建兴趣培养、特长展示的重要平台，艺术体验部作为少科院5大部门之一，重点培养学生的动手实践能力和创意思维能力。艺术体验部评价的总目标主要有：第一，关注学生的全程体验，对体验过程进行评价，凸显学生学习的参与兴趣和参与深度；第二，重项目实践，通过项目式的学习设计，引导学生关注学习的全过程，提高学生项目式学习的设计与实践能力；第三，艺术体验部的评价注重个性化的展示，为学生提供了丰富的展示平台和空间，为学生的学习成果创造充分的展示机会。

2. 艺术体验部评价项目

艺术体验部在少科院主要承担培养学生审美能力的任务，重点培养学生艺术核心素养。因此，艺术体验部的评价项目主要指向对学生审美能力的评价，分为：美学感知、个性表达、创意实践、审美判断、文化认同等5大维度。美学感知主要评价学生对基本美学知识的

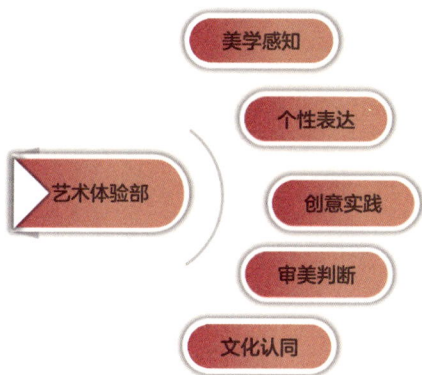

掌握能力和掌握程度，是对学生审美能力基础的评价；个性表达主要指向学生在艺术体验课程中的表达与初步的实践，是对学生审美能力提升的评价；创意实践重点评价学生在项目式学习中的团队协作能力和实践能力，重点是评价小组合作的过程；审美判断在表达与实践的基础上，重点评价学生健康向上的审美情趣和正确的审美标准；文化认同重点评价学生对艺术表现形式背后的文化内涵的了解和认同，评价学生对中国传统文化艺术的认同感与对世界多元文化的尊重。

3. 艺术体验部评价细化指标

（1）评价内容设计

艺术体验部的评价主要针对学生审美能力的培养，评价的内容主要根据艺术体验部内不同拓展性课程的内容制定。在评价内容制定的过程中，重点关注学生学习兴趣的培养、学习过程的参与度和学习成果的展示3个方面。

课程名称	学生年段	评标内容
沙画天地	3～6年级	1. 对沙画学习的兴趣；2. 对沙画基本技法的掌握程度；3. 独立创作简单沙画作品的能力；4. 以小组为单位，沙画主题作品的设计与创作能力；5. 对沙画文化的理解与认可

续表

平面设计	3～6年级	1. 对平面设计的学习兴趣；2. 对平面设计基本技法的掌握程度；3. 对设计语言的掌握与运用能力；4. 合作完成有主题的系列化设计与创作的能力；5. 对设计元素和设计作品的鉴赏能力
童声合唱	1～6年级	1. 对声乐的学习兴趣；2. 对演唱和表演基本知识与基本功的掌握程度；3. 小组唱、合唱表演的能力与编排的能力；4.对歌曲的文化理解和通过表演传递文化的能力
快乐舞蹈	1～6年级	1. 对舞蹈表演的学习兴趣；2. 舞蹈基本功和韵律的掌握情况及对音乐的感知能力；3. 独舞或群舞的表现能力和编排能力；4.对世界各地舞蹈特征和文化的了解，以及对不同舞蹈不同文化特征的感知能力

通过上表，我们可以清晰地看出艺术体验部课程的评价内容有几个特征：第一，关注学习的全过程，不仅关注学生对内容技法的掌握，同时关注学生情感的表达；第二，关注评价的个性化，审美能力的培养应该注重个性化的评价，艺术没有标准答案，所以在评价的过程中要注重个性化的评价，不能简单地进行笼统评价；第三，注重评价的多元化，对审美能力培养的评价不单单是评价美术技法或者音乐技法的习得程度，学习习惯和情感态度也非常重要。

（2）评价标准制定

艺术体验部各项课程的评价标准参考学生的星级评价，依据评价内容，制定相关的评价标准，艺术体验部的评价重在不断激发学生学习和参与实践的兴趣，而非甄选，因此，在评价标准的制定中更加重注评价的激励作用，通过星级学生的评选，不断激发学生对艺术的学习兴趣。

"艺术之星"评价标准："艺术之星"是艺术体验部中的一项综合荣誉，是对学生一学期学习的整体评价，从情感态度、参与实践、艺术表现等多方面综合考量评选而出。"艺术之星"的评价着重突出学生艺术学习综合素养的能力提升，是对学生综合素养的评价。

"表现之星"评价标准：表现之星是艺术体验部中的单项评价项目，重点考量学员在项目式学习实践过程中表现能力的提升情况，包括对学员在团队合作过程中领导和协调能力的考量，对学员在艺术创作中的表现能力的评价等。

"参与之星"评价标准："参与之星"是艺术体验部中的单项评价项目。着重考量和评价学员在项目式学习和小组合作过程中的参与程度，在小组合作学习过程中的主动性，以及在小组中发挥的作用等方面。

"创意之星"评价标准："创意之星"是艺术体验部中的单项评价项目。重点考量学生创意思维能力的表达和实践，以及在项目式学习和小组合作学习中学生的创意能力，同时注重学生通过绘画、语言、文字、声音和肢体动作表达自我创意的能力。

在艺术体验部的星级评价中，重点是从不同的维度对学生一阶段的学习和实践进行全方位的评价。星级评价体系很好地激发了学生对艺术学习的兴趣和参与热情，同时，星级评价体系设计了自评、互评等环节，更好地帮助学生自我总结，发现学生身上的闪光点，也让学生更好地参与到评价的过程中。

（3）评价环节设计

艺术体验部的评价主要分为过程性评价和成果展示评价。在评价过程中关注学生对自我的评价，通过自我评价、小组互评、榜样推荐等评价环节的设计，让评价和学生的学习密切结合，让学生参与到评价的过程中。

过程性评价：主要分为对学生情感态度的评价、对学习常规的评价和对日常作品成果的评价。对情感态度的评价着重评价学生对学习活动的参与热情和表现激情等。对学习常规的评价主要评价学生在日常的学习活动中对基本学习常规的遵守情况。对日常作品的评价主要是对学生日常学习过程中的作品进行评价和展示。

自我评价：主要是学生通过自我评价量表对自己的学习活动情况进行评价，可以分为日常评价和综合评价。每次活动结束后，学生会对自我的日常进行评价；而一个学习阶段结束后，学生会进行综合性的自我评价。

通过自我评价，可以更好地提升学生的自我反思能力，使其养成阶段性总结的习惯。

小组评价：组内评价是通过学习小组的互评，增进学习小组内成员之间的了解，树立学习的榜样和目标。小组评价的重点是发现学生的闪光点，提出合理化的建议。

在评价环节的设计上，艺术体验部的评价将过程性评价和总结性评价以及多元评价结合在一起，形成覆盖学习全过程的评价网络体系，帮助教师更全面、全程地了解和评价每一位学员的学习情况。同时通过全方位的评价，为学生的进一步发展提供更好的建议和意见。

二、基于艺术体验部的评价策略研究

1. 体验积分制评价

艺术体验部承担着全校学生拓展性艺术体验的责任，艺术体验部通过活动开发和设计吸引全校学生参与和体验艺术相关课程、了解艺术相关知识、提升审美能力。为了更好地激发学生体验美、感受美的热情和学习兴趣，艺术体验部采用了体验积分制的评价方式，对参与体验的学生进行激励性的评价。

在积分评价的过程中，教师会对学生的体验过程、体验成果、体验专注力、体验合作力等方面进行评估，最终进行积分制的评价。积分制的评价，让体验与游戏相结合，能帮助学生更好地参与到体验活动之中。

积分评价的使用，让艺术体验的体系更加完整，学生可以通过一学期的体验积分换取相应的奖励。通过这样的评价过程，艺术体验有更深入、更加完整的架构，而不仅仅是一次孤立的游戏。因为有了完整的评价体系，让艺术体验成为有组织、有目标、有要求的学习行为，帮助学生更好地掌握相关的知识、培养相关的能力。

积分制的体验式评价改变了以教师为单一主体的评价形式，将少科院学生管理团队也纳入评价主体中，同时参与者自己也可以对参与体验的内容进行评价。通过评价主体的多元设计，让评价更加贴近学生学习，也让评价更好地发挥对学生的激励和促进作用。同时，学生参与对体验项目的评价，更好地体现了公平性，也有助于体验项目的更新和提升。

2. 个性展示式评价

艺术具有公共展示与欣赏的特性，同时，艺术体验部的项目非常具有观赏性。在艺术体验部的实践中涌现出了非常多的优秀学生。学校提供展厅为学生举办个展，开展个性展示评价，在促进学生个性特长发展的同时，也提高了全校学生的审美能力。

个性展示式评价注重学生特长的展示和提升。学生通过自主报名的方式向大队部提出个展申请，由学校大队部和少科院进行审核，为具有艺术特长的学生举办个展。鼓励有艺术特长的学生积极参与学生个展，通过个展的举办，学生的艺术特长得到了很好的展示，学校还在升旗仪式中为学生颁发证书，在激励办展学生的同时也引导了其他学生喜欢艺术。

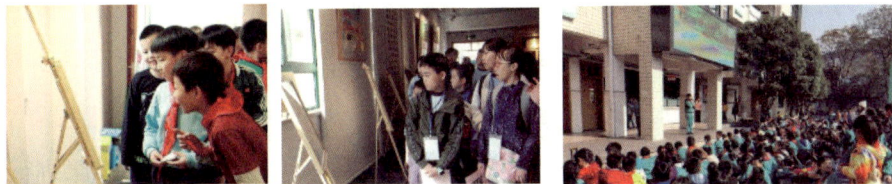

学生举办美术和音乐个展

举办过校园个展的学生会非常自豪，校园个展增强了其学习艺术的兴趣。个性展示评价在通过个展展示学生特长的同时，也很好地带动了学校艺术学习的氛围，让更多的学生喜欢上艺术学习，学校个展也成为学生争相报名的校园特色项目。因此，个性展示评价不仅仅对展示人具有积极评价作用，更重要的是带动了学校整体艺术氛围的营造。

三年多的时间里，学生个性化的特长展示评价从最初的美术作品展示发展到现在，一直在不断创新。首先是形式上，从简单的作品呈现到多种方式呈现，让个展更具观赏性；其次是内容上，从一开始的绘画作品展，到篆刻、沙画、歌唱、演奏等丰富多彩的个展，为更多有特长的学生提供了展示的机会；最后是组织上，也由一开始的单人个展发展到现在单人展和组合展结合。个展的不断创新为学生提供了更好地展示平台，为他们的个性特长发展注入了更多的活力。

3. 学习文件夹评价

学习文件夹评价是通过学习文件夹的创建、收集和整理，对学生一阶段的学习进行整体评价的一种方式。通过文件夹评价可以更系统、全面地了解学生的学习过程。通过纵向的比较分析，也可以更直观地了解学生学习的成果和成长的轨迹。

少科院课程作为拓展性课程，和基础性课程不同，上课间隔长、周期性强，所以通过学习文件夹的评价方式可以更好地收集学生发展性的学习成果，为对学生进行综合性的评价提供充足的依据，也为学生成长提供参考。

文件夹的建档和管理是长期的工作，一定要注重过程化的管理，每一次学习成果的收集、归档和批改都非常的重要。要做好过程化的管理首先要帮助学生养成良好的整理习惯；其次要有充足的整理时间，要定期留给学生一定的整理时间；第三，作为教师要对学生的作品或者学习成果进行及时的登记和评价。

阶段性的展示是文件夹评价的重要环节，通过阶段性的展示，可以很好地展现学生这一阶段的学习成果，通过展示也为学生提供了互相学习、取长补短的机会。阶段性展示可以展示优秀作品，也可以展示学生过程性的作品。在展示的筹备阶段可以让学生参与主题策划，利用展示提升学生的综合能力。

三、基于艺术体验部的评价管理

1. 评价过程管理

艺术体验部的评价过程性管理应该更多地关注形成性的评价，结合终结性评价，对学生的学习情况和成果进行全面公正的评价。要注重过程性的材料收集和存档，特别是像"沙画天地"那些难以作实物保存的作品成果，更需要教师通过图片、视频等形式进行存档和保存。

在评价过程中要充分利用自我评价、互助评价、教师评价、合作评价等多元评价方式，让学生积极地参与到评价中来。在评价的过程中要引导学生更全面正确地了解自己，同时，也要引导学生用欣赏的眼光看待同学的学习成果和作品。

2. 评价结果反馈

艺术体验部的评价反馈可以分为日常反馈、阶段反馈和终结反馈。不同的反馈有各自的特点和作用。这样的反馈体系，可以全面地反映学生学习的成果和进步的程度。

日常反馈：每节课老师都要有学习的反馈，反馈的内容主要是学生在本节课的学习状态、学习常规和学习成果。教师通过日常的反馈，表扬本节课中的优秀学生及其闪光时刻，同时针对存在的问题及时进行沟通和解决。

阶段反馈：作为项目式学习的重要内容，在一个项目结束后，教师会组织学生进行一次阶段性的总结，并对该项目的学习过程进行阶段性的反馈和总结，通过阶段性的反馈，帮助学生更好地总结项目学习的成果。

终结反馈：终结反馈主要是在经过一学期或者一学年的学习后，由教师进行的评价反馈。艺术体验部每学期会评选出优秀学员，并用两节课时间进行专门的总结反馈展示。通过终结反馈，对拓展性课程学习过程作整体的评价，不仅有助于学生对自己的学习成果进行总结，也有助于教师更好地梳理总结课程的实施过程，为下一轮的课程实施提供有效的指导。

3. 评价标准提升

随着求是少科院拓展性课程的不断实践和深入，艺术体验部的评价体系也在不断改进和完善，让评价向着更有助于学生综合能力的培养和提升，更有利于学生学习兴趣的培养，更有利于课程的改进和优化发展。

第五节 数学实验部跨学科项目式学习的评价

一、基于数学实验部的评价指南

数学实验部作为求是少科院的5大部门之一，开设了深受学生喜爱的各类数学拓展性课程，为确保课程开展，达成课程效果，数学实验部的拓展性课程建设团队，结合项目式学习的特点与拓展性课程的特征，制定了专属于求是少科院数学实验部的评价指南。另一方面，随着课程改革的深入推进，数学探究活动的开展无不指向学生核心素养的提升，对于像数学实验部这样立足于课堂，又高于课堂的数学拓展性课程，更应在原有的基础课程的评价体系上作出改进与创新。

（一）数学实验部评价总目标

根据数学实验部的课程总目标，为更好地了解学生在本课程中的学习过程与结果，进一步促进学生学习，改进教师教学，数学实验部的课程评价体现求是少科院及数学拓展性课程的育人理念，在原有的知识技能、数学思考、问题解决和情感态度这4方面的基础上，更多关注学生的过程性及表现性评价，制定了以下评价总目标。

1. 基于起点研究，有效达成增量

通过数学实验部的拓展性课程的开展，找准学生课内起点，把准学生学习的可受性，让每位学生都能基于个体的最近发展区开展项目式学习，并在原有基础上有效达成增量，助力拓展知识的构建。

2. 重元认知发展，促进素养提升

数学拓展性知识的探究，对学生学习品质与能力具有一定的挑战性，在学生自主探究过程中应不断鼓励他们的元认知发展，这既有助于学生开展沉浸式学习，又能在整个探究过程中助推学生数学思维的发展，促进数学素养的培养。

3. 激发主观能动，倡导合作学习

在项目式学习过程中，聚焦学生参与度，多维考量学生在独立思考、动手实践、交流分享中的表现，以激发其主观能动性；努力倡导合作学习、同伴协作，促进学生自省，培养其表达能力。

4.关注情感态度，增强数学自信

数学实验部的拓展性课程面向所有热爱数学研究的学生，通过项目式学习，激发学生的潜能，不仅能帮助学生掌握知识技能，获得活动体验，更能使其以乐学的态度贯穿项目式学习的始终，养成数学研究的积极心态，增强数学学习的自信心。

（二）数学实验部评价项目

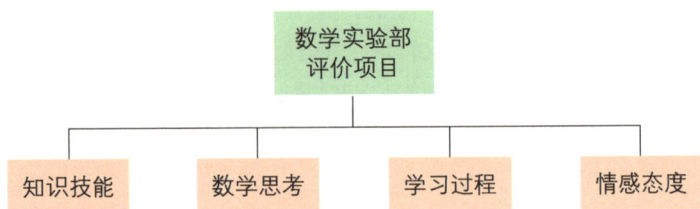

```
          ┌─────────────┐
          │  数学实验部   │
          │  评价项目    │
          └──────┬──────┘
     ┌────────┬──────┴──────┬────────┐
 ┌───┴───┐┌──┴────┐   ┌────┴───┐┌───┴───┐
 │知识技能││数学思考│   │学习过程││情感态度│
 └───────┘└───────┘   └────────┘└───────┘
```

为助推学生在数学实验部拓展性课程中发展能力、提升素养，数学实验部的评价项目聚焦4大方面：知识技能、数学思考、学习过程、情感态度，具体释义如下表：

评价项目	具体释义
知识技能	以各拓展性课程的具体目标和要求为标准，对学生的基础知识和基本技能的理解程度与掌握程度进行考查，并考查学生在学习基础知识与基本技能过程中的表现。由于学生起点可能各不相同，因此需进行分层评价，侧重每位学生的实际增量
数学思考	数学思考贯穿于拓展性课程的整个项目式学习过程，需结合平时教学及具体的问题情境，重点关注学生的数学思维品质，对其思维的敏捷性、深刻性、灵活性、独创性、批判性、系统性等进行分层、多维的个性评价
学习过程	知识技能、数学思考、情感态度都在数学拓展性课程的探究过程中得以综合体现与发展。因而对学习过程的评价，应更突出整体性与表现性评价
情感态度	根据数学拓展性课程的目标要求，通过课堂观察、活动记录、课前课后访谈等方式，在平时探究过程中考查并记录学生在不同方面的表现，对学生的情感态度状况及变化进行了解与跟进

（三）数学实验部评价细化指标

1. 评价内容设计

基于数学实验部拓展性课程的特性，同时考虑到系群内各拓展性课程的差异，每一门课程都根据自身拓展内容进行了评价内容的设计，具体如下表。

拓展性课程	评价内容			
	知识技能	数学思考	学习过程	情感态度
数学游戏	第一学段拓展内容：数与代数、图形与几何、统计与概率、综合实践	对游戏规则的理解、根据规则进行游戏、对规则的反思及总结	游戏过程中，自主观察、推理、实践等多种学习行为的具体表现	游戏参与度、游戏过程中的学习兴趣、与他人合作交流的自信
数学探秘	第二学段拓展内容：数与代数、图形与几何、统计与概率、综合实践	项目式学习主题的提出与制定、问题解决的策略性及多样性	探究过程中，自主观察、推理、实践等多种学习行为的具体表现	探究参与度、探究过程中的学习兴趣、与他人合作交流的自信
数学博物馆	小学课内知识与技能、数学经典问题尝试、学具操作	对静态展览的理解与思考、对动手体验的尝试与运用	学习过程中的体验广度与专注度及其具体表现	体验参与度及学习兴趣、与他人合作交流的自信

2.评价标准制定

根据不同阶段的学生在知识技能、数学思考、学习过程、情感态度各方面的特点，同时考虑不同的拓展性内容，针对性地制定以星级来量化的评价标准，以"数学游戏"拓展性课程中"有趣的填数游戏"这一项目式学习的评价标准为例。

"有趣的填数游戏"项目式学习评价标准

	☆☆☆	☆☆	☆
知识技能	能根据规则设计富有挑战性的填数游戏	能熟练运用排除法，有策略地解决填数游戏	明确填数游戏的规则，并能进行阐述
	能根据规则设计较为完整的填数游戏	能逐步运用排除法解决填数游戏	基本明确填数游戏的规则，并能进行简单阐述
	能根据规则设计若干行或若干列的填数游戏	能在教师或同伴引导下，运用排除法基本解决填数游戏	能在同伴阐述的基础上，基本明确填数游戏的规则
数学思考	思维敏捷，且能有序、全面地思考问题，能运用排除法举一反三	思维较敏捷，基本能有序、全面地思考问题，能逆向运用排除法	能在教师引导或同伴协助下开展思考，在局部行列中能进行有序思考

续表

学习过程	能主动参与游戏活动，提出游戏规则并进行分析，能与同伴合作交流，能从不同角度进行思考并有条理地阐述思考过程	基本能主动参与游戏活动，明晰游戏规则，能与同伴合作交流，能倾听并认同不同的思考过程，基本有条理地阐述思考过程	在教师或同伴协助下参与游戏活动，能基本明晰游戏规则，基本能与同伴合作交流，能认真倾听同伴的思考过程
情感态度	能正面、积极地进行数学游戏；遇到困难能想办法解决，具有克服困难的勇气；能主动与教师、同伴进行合作交流；充满学习数学的兴趣和自信心	基本能正面、积极地进行数学游戏，遇到困难能和同伴一起想办法解决，能与教师、同伴较为顺利地进行合作交流，基本具有学习数学的兴趣和自信心	能在教师、同伴的协助下进行数学游戏，遇到困难能基于同伴的帮助去解决，能倾听同伴的想法并适当进行表达，略微提升学习数学的兴趣和自信心

3.评价环节设计

因学生的自主探究贯穿项目式学习的始终，为更精准地落实评价标准，少科院数学实验部的各类拓展性课程基本按以下3个评价环节进行。

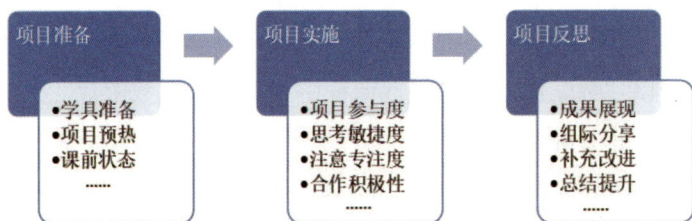

因各类拓展性课程的要求各不相同，项目式学习的具体内容也各具特性，具体评价环节会根据具体课时进行微调，但基本以上3个评价环节进行。项目准备这一环节的评价主要侧重于研究项目的知识技能储备及学生课前的精神状态；项目实施这一环节的评价主要侧重于学生在项目探究中各方面的参与度与思考力；项目反思这一环节的评价主要侧重于项目成果的分享、反思与改进。

二、基于数学实验部的评价策略研究

因课程目标、项目专题等各不相同，数学实验部基于少科院3大类评价方式，并将3类评价方式融合于数学拓展性探究的始终，丰富了学生学习评价的内容和形式，更好地助力学生在拓展性知识与能力方面的发展。

（一）问题解决式评价

问题解决式评价，适合具有策略多样性的项目式学习主题。以"数学探秘"拓展性课程中"神奇的正多面体"为例，为让学生获得真实、深刻的活动经验，发展更为立体、精准的空间感，在项目实施过程中，教师引导学生从多个有序的问题出发，促使学生开展对正多面体的研究。

1. 选择一个感兴趣的正多面体，你能从哪些角度观察并发现该正多面体的特征？

2. 请你根据该正多面体的形状特点，想象并选取需要的磁力片，请先确定磁力片的形状和数量再领取相应材料。

3. 根据磁力片的组合模型，请你想象该正多面体的展开图，根据形状、大小、位置等特征将展开图画在卡纸上，如有困难，可拆解磁力片模型。

4. 对该立体图形的展开图进行剪拼，制作出该立体图形的纸模型。

（二）自主探究式评价

自主探究式评价一般适用于项目实施阶段，为凸显学生在探究活动中的主体性，通常以自评结合同伴互评的方式开展。考虑到学生的个体情况不尽相同，对于一些学习能力较弱的学生，可以在自主探究式评价中进行延迟评价。如在"数学博物馆"拓展性课程中，参与学生都会拿到一张课程体验券，以个人"探馆档案"的方式，记录并评价自己在参观、体验中的收获，体验项目闯关成功的学生能获得相应纪念章，没有体验成功的项目，能保留至下回再挑战。

（三）学科融合式评价

在数学实验部拓展性课程的探究中，通常会融合其他学科的知识或技能，这也有助于学生综合能力的发展。以"数学游戏"拓展性课程中"有趣的填数游戏"为例，在游戏的拓展创作环节，融入了信息技术学科的相关知识，基于iPad的自由创作及适时点赞评价系统，极大地激起了学生的创作欲，使其获得游戏的成就感。

三、基于数学实验部的评价管理

（一）评价过程管理

因数学实验部的各类拓展性课程十分关注学生在探究过程中的表现性评价，因而在评价管理中，非常重视对评价过程的管理。比如，"数学游戏"和"数学探秘"，每一位学生会在课程开始时获得一个数学研究档案袋，里面按照项目式学习主题将分门别类地收纳学生在各阶段的研究单、个评、互评量表，以及小报、研究报告等项目研究成果，在阶段性结束后，会将此档案袋发还给学生。

（二）评价结果反馈

数学实验部的各类拓展性课程具有丰富多样的关于学生评价结果的反馈形式。比如在"数学游戏"课程中，学生自身以及同伴都能以点赞作品的形式直观量化各研究成果；在"数学探秘"课程中，小组探究的成果及作品，能以小组个展的形式择优在少科院平台展览，并通过学校公众号进行信息推送；在"数学博物馆"课程中，每位学生拿到的"探馆档案"都能记录并反馈学生在本课程中的学习表现与收获。

（三）评价标准提升

求是学子在少科院数学实验部的课程体系下，积累了6年的拓展探究经验，在知识广度、思考深度、方法策略、实践技能、学习心态等方面都获得了显著提升。对于有数学特长的学生，数学实验部会针对性地提升评价标准，比如举办一次集团个展，或派学生代表学校参加各类STEAM项目式学习成果研究活动，以高标准促进求是少科院的品牌建设。

第七章

基于求是少年创新科学院平台的
跨学科项目式学习的成效

　　求是少年创新科学院是新时代求是教育集团在育人理念和育人体系上的一大创举。一方面，求是少科院形成了先进、科学的育人框架：以培养青少年自主创新与综合探究能力为宗旨，以跨学科项目式学习为主要学习模式，形成了涵盖科学、技术、工程、艺术、数学5大学习模块和基于"名誉院长—小院长—小部长"的组织管理架构。另一方面，求是少科院汇聚了丰富、完备的育人资源：以科学规划、精心布局的专用教学大楼作为主要育人空间，配备浙江大学和社会各界提供的硬件教学资源，拥有来自浙江大学各领域学者教授组成的导师团队以及兼具综合性、创新性的课程设置。自成立以来，少科院在人才培养、教学改革、课堂特色等方面取得了丰硕成果，已逐渐发展为青少年创新与探究能力培养的优秀样本。

　　基于求是少科院平台的跨学科项目式学习是实现学生自身发展的实践路径。小学阶段是人格培养与思维锻炼的关键时期，良好的教育引导将使受教育者终身受益。求是少科院的跨学科项目式学习通过跨学科的课程设置促进学生知识面的拓展和综合性思维的训练，通过项目式的探究模式促进学生团队合作与问题解决能力的培育，通过"自荐—考核"和"自主式"管理的组织管理架构促进学生自主管理与决策意识的形成。作为一种校内教学实践的新模式，求是少科院的跨学科项目式学习是对传统课堂教学内容的有益补充，对于学生综合素质的提高与中长期的发展具有重要意义。

基于求是少科院平台的跨学科项目式学习是教师教研能力提升和学校文化建设的变革。对于教师而言，求是少科院跨学科项目式学习为其提供了更为丰富的教学资源和更为广阔的教学实践平台，辅之以浙江大学导师团的引领和科学的管理评价机制，"教学相长"的愿景将变为现实。对于学校而言，求是少科院跨学科项目式学习以其创新的育人模式、丰富的育人成果获得了师生及社会各界人士的广泛赞誉，既丰富了校园文化的内涵与形式，也形成了学校对外宣传的一张"金名片"。

基于求是少科院平台的跨学科项目式学习亦是顺应新时代育人要求的先行窗口。习近平总书记强调，"中国坚持把创新作为引领发展的第一动力"[1]。中国特色社会主义进入新时代，科技创新在经济增长和综合国力提升中的贡献日益提升，这就要求加大对创新型、综合型人才的培养力度。求是少科院传承"求是"之文脉，以培养德智体美劳全面发展，兼具自主创新能力和综合探究能力的少年儿童为育人目标，其跨学科项目式学习模式创新顺应新时代对于人才培养的新要求，为学生发展奠定了坚实的基础。

无论是从求是少科院的科研探究成果，还是从学生和家长的反馈，抑或是学生后续发展来看，基于求是少科院平台的跨学科项目式学习都是成效显著的。

——求是少年创新科学院导师　张彦

张彦

浙江大学社会科学研究院常务副院长，马克思主义学院教授，博士生导师。

---

[1] 习近平：《习近平在亚太经合组织第二十七次领导人非正式会议上的讲话》，人民出版社 2020 年版，第 4 页。

第一节　促进学习途径与教学方式变革

一、更新"项目式学习"概念

1. 构建项目式学习的理论知识

教学内容从"单一"走向"多样"，少科院空间根据学生兴趣精心打造了"3D打印社""创意编程社""创意智造社""小机器人社""媒体制作社""人文与自然探旅"等几十个特色社团。这些社团中的项目完全依照学生特长和兴趣爱好设置，每个社团均由专业指导老师带队，有规划、有针对性地举办多样化的项目活动，拓宽同学们的知识面，开阔其视野，注重对每位学生的个性培养，全方位满足同学们的兴趣需求，为校园生活添姿添彩。通过实践，在全体老师的共同努力下，课题组找到了一条基于STEAM理念的社团项目设计与实施之路，有效促进了集团教师在拓展课程教学中的全方位成长，实现了教师的可持续发展。重构了课程建设理念，在实践过程中，教师们树立了开放多元的课程观，突破时间限制，根据不同课程内容，特别设置不同的上课时间。教材内的拓展内容可以分解成不同的小项目进行短时教学，整合性课程内容因探究过程复杂、牵涉学科内容繁多而进行长时教学。教师通过参与课程开发，拓展了知识，增长了能力。

2. 更新项目式学习的育人理念

教师由于参与了求是少科院 STEAM 理念下项目群拓展性课程的开发与实践研究，发挥了自己的创造潜能，实现了自己主体价值的升华，体验到了成功的愉快，增强了对教师职业的认同感和对教育事业的使命感。

通过求是少科院项目式学习，教育模式有所更新。教师们在学习 STEAM 理念的过程中，越来越深刻地认识到了能力培养的重要性。学校的特色社团课程评价方案也随之改革，建立了学生综合素质评价体系以及定量与定性相结合、静态与动态相统一、自评与互评相结合的有利于学生发展的评价体系。教育理念有所发展。通过实践，STEAM 创新理念下的课程建设，改变了以往教师单兵作战的局面，创设了更多、更广的空间进行交流与合作，形成了课程建设的共同体。教师们在培养阳光学子的过程中，加强了交流，感受到了学校的人文关怀，体验到归属感和幸福感，工作也更投入了。

3. 发展项目式学习的探究精神

基于 STEAM 理念构建的学校项目群，遵循孩子成长规律，让每一个学生经历更加有意义的学习过程，努力从"单一知识学习"转化为"能力提升"，为学生健康快乐成长搭建了一座座"桥梁"。学生展示的平台更大、更多，学生更自信，学生在探究过程中更快乐成长。心理学研究表明，学生在学习一个知识点时，仅听一遍只能掌握 20%，听与看同时进行可以掌握 40%，自己上手做一遍可以掌握 50%，但如果让学生自己作为老师为同学讲解一遍，那他可以掌握理解 80% 以上。所以基于 STEAM 理念的社团活动的部分项目或者部分环节采用了"小院长制度"，让朋辈之间互相教学，既可以让高年级学生将所学的科学知识加以强化，又可以增加朋辈间学习交往的机会，使学习的过程充满童趣。学生在社团项目学习过程中持续发展，同时也提高了他们的探究能力。社团项目学习给予学生的影响应该是多元而立体的，有丰厚的知识、纯熟的技能，更有方法的领悟、思想的启迪、精神的熏陶、人格的健全。学生在学习的过程中已经慢慢触及了科学学习更为丰厚的内涵，慢慢感受到了学习可能呈现的更为开阔的景象，学生自身的主体意识、实践能力、创新意识等也得到了显著的发展。

二、完善学教方式

1. 学教方式逐步改变

项目式学习的受益学生从"集中"走向"发散"。通过智创空间获奖的学生从原先的某几个人变成了三到六年级均有人获奖，每个项目都有不同的领军型学生涌现。更多的学生愿意参加智创空间拓展课程，学生通过学习、团队合作，让自己在各个方面都能上一个台阶。获奖人数更多、受益学生的年龄跨度更大，为学校参加各项比赛作好了人才梯队准备。学习方式和教学方式的改变、创新氛围的营造让更多学生向往加入少科院项目学习中。

2. 教学支架不断丰富

在少科院项目式学习中，经过一系列创新方法的引导，学生在思考做什么的时候不再像以前那样感到困难，创新的念头层出不穷。同时，学生还能通过小组头脑风暴进行创意的优化和落地的可行性分析。项目式学习通过探究形成结论，需要学生不断思考，形成自己的思想，并且能有主见地将自己的思想表达出来。在整个探究过程中，学生收集信息、处理信息、运用信息的能力不断提升，同时，组织协调、交往合作、表达沟通等多方面的能力也得到了锻炼，教学支架不断丰富。

3. 课堂流程重新构建

有了项目式学习以后，学生不再像以前那样完全依赖老师，而是能从简单的项目入手，慢慢培养主动动手实现创意的信心，在此基础上独立完成作品。在评价的过程中，学生不光是巧手的小工程师，还是小小演说家，面对同伴和老师，甚至其他人的提问，都能积极响应并作出解释，在演示解说的过程中展示自己的优势、发现自己的不足，让自己的作品处于开放状态，持续开发。

求是少科院智创拓展性课程，充分调动了学生的积极性，充分发挥了学生的主动性，用自主、探究、合作的学习方式，强调学生的体验、获得、再创造。学生学习的主动意识变强了，尤其是科学探索的主动性变强了，课堂流程得以重新构建。

三、教学成果呈现优秀

1. 课堂体系完善

求是少科院的课程建设主要分为普及类课程和项目制课程。我们基于跨学科理念，将课程进行整合，在普及类课程下形成面向全体学生的体验类活动和科普类活动。项目制课程主要面向特长学生，目的在于激发学生的创新思维、获得研究成果，下设5个子课程：科学探究课程、技术研发课程、工程项目课程、艺术体验课程、数学实验课程。

我们基于跨学科项目式学习理念，对少科院中的探究平台进行架构，基于未来人才的培养，还增设各种智能终端设备，帮助学生探究学习。

（1）多要素：求是少科院探究体系包括了"创客空间""智慧工程作坊""科学生态长廊""头脑益智平台"等，在探究内容上融入多学科元素，在学习方法上融入多种探究手段，在设施设备上融入多种技术手段。

（2）长链条：求是少科院探究平台在架构中，探索各学段的有机衔接，形成了纵向和横向维度的长时间链，同时将课内课外学习深度融合，形成长内容链，还将各学科有效整合，形成跨学科长探究链。

（3）拓阵地：目前除了母体学校的求是少科院，还成立了求是少科院之江二小分院。基于各自优势，体现各自特色。

（4）新格局：求是少科院探究平台立足国际视野，基于集团化办学优势，畅通国内外教育渠道，以学校与学校教育循环为着力点，依托浙江大学强有力的支持，坚持教育对外开放的方向不动摇，拓展更大教育空间，形成校内联动、校外互通的探究新格局。

2. 课程成效显著

学生自主学习科学知识的兴趣和意识有了很大的提高。学校从创意环节开始就不断鼓励学生制作与众不同的作品。通过创意萌发时的头脑风暴，学生的思路被完全打开，他们更容易去挖掘个性化的内容。即使在最后的包装设计和解说时，学校也鼓励学生追求个性化，因此整个创新团队会显得生机勃勃。几年来，"智创空间"的学生在各种比赛中取得了傲人的成绩。

3. 课程研究突出

求是少科院的项目研究团队拥有一群积极向上的同仁，从而形成了一套特有的培养体系。虽然团队的人员可能会有变化，但是探究的精神却得到了传承。项目研究团队主动开展项目建设与改革、引导学科专业建设、参与学校课程教学改革，并基于学校、依托学科教研组研究，不断提升科学品质，弘扬科学精神。

几年来，项目研究团队积极承办各级教研部门组织的教研活动，承担公开课、讲座、经验介绍等任务。

团队教师积极撰写教研论文、教学案例，并在区级及以上评比中屡获佳绩，研究成果丰硕。

第二节 提供学生成长路径的多元选择

一、个人个性化成长

1. 因材施教，激发学生探究兴趣

从被动到主动，学生更爱表现自己。通过研究，教师发现，在原本的小组探究活动中，总是由少数较为优秀的学生主导，其他学生分到的活儿较少，部分学生甚至不参与探索研究。但随着项目的深入，学生的实验参与度明显上升，大部分学生不再退居二三线，会主动勇上一线，他们不仅愿意积极地参与研究，更会熟练地进行科学探究。

求是少科院少先队项目活动不仅锻炼了队员的独立自主能力，而且提高了队员参与项目活动的积极性。活动的目的不再是向队员灌输知识，完成任务式活动，而是培养少先队员的学生素养、探究精神和自信心。少先队员要做一个对社会有用的人，那么锻炼必不可少，求是少科院少先队项目活动，让队员能真正自觉、主动地参与少先队活动。

多维的活动形式让每个队员都有机会进行个人展示，改变了大队委员占据半边天，其他队员只是被动服从安排的局面。课题实施开始时，学校随机选取了40名大队委员、40名中队委员以及40名普通少先队员，调查他们是否组织、策划过少先队活动；课题实施一年后，学校又随机选取相同样本量的大队委员、中队委员和队员进行调查。调查发现，研究活动开展

前，少先队活动主要是由大队委员占据主体，而研究活动展开后，组织过少先队活动的大队委员，只增长了2人，而组织过少先队活动的普通少先队员，由原来的8人增至33人。这说明基于少科院的项目式活动给普通少先队员提供了更多组织和参与活动的机会。

在少科院的少先队项目学习实践以来，学校创新了小雏鹰个展项目活动，队员们既可以以个人的形式，也可以以组合的形式申请办展，目前已经有80多位队员成功办展。小雏鹰个展通常利用午休时间开展，队员提前制作宣传海报进行预热，办展当天用广播号召队员们前来看展。学校一直致力于为每一位有个性特长的队员搭建更多元、更广阔的平台。

2. 学教结合，凸显学生探究能力

从"隐形"到"耀眼"，学生更爱亮出观点。由于有了各种形式的互动，班里那些原本默默无闻、不爱发表观点的学生，逐渐学着先进行人机互动协作学习，再尝试组内交流、跨区域交流，最终一个个都愿意在全班面前大胆地表达自己的想法和本组的观点，也会在实践后学着分析比较自己的数据变化，给自己和其他同学一个评价，实现了从"隐形"到"耀眼"的蜕变。同时，学校也给予了学生更大的展示平台，学生可以向学校同学展示自己在科学方面的探索和实践。

在少科院少先队项目活动中，队员们自信展示，参与一个个有创意的活动，得到了愉悦和成长。在期中对学生的调查问卷显示，队员们对少先队活动的喜欢度和参与度也日益提升。

大队部对500名少先队员进行了"少先队项目联动活动喜爱度的调查"，从调查结果可以看出，由于在活动中学校十分重视对队员的积极性和创造性的培养，队员往往自主设计活动，项目活动主题明确，活动形式生动有趣，参与面广。因此，队员十分喜欢这些项目式学习活动，在活动中也尝到了快乐，激活了心理需求。

在不同平台上的不断交流和展示，逐渐提高了学生们的自信心，激发

了他们展现自我的兴趣，提升了他们的表达能力，真正实现了阳光学子的"善交流"特性。

3. 求同存异，彰显学生探究精神

从需要协助到独当一面，学生更会动手操作。随着项目的不断深入，越来越多的学生在学会熟练探索研究、肯定自我价值之后，从小组内的协助者转化为了担当者。每位同学都可以独当一面，大家的动手操作能力变得更强了，在面对一个未知的问题时，也会尝试着通过自己的努力去解决。通过不断的努力，学生甚至尝试深入研发，并在很多平台上收获了多类奖项。

二、集体差异性成长

1. 探究型集体的主动建设

团队作品齐合作。少科院的每个探究项目，不仅可以由个人独立完成有针对性的单项创作，也可以采用多人合作的形式共同创意。比如，在机器人竞赛训练中，会以分组对抗的形式开展活动。求是少科院将参与机器人活动的队员进行分组，在一个小组中，一人负责搭建，一人负责编程，还有一人负责调试场地上的机器人。这3项活动既有联系，又有一定的独立性；既强调个人实力，也不能忽略团队合作。在Botball机器人比赛中，不同的团队都在同一张场地图纸上完成任务，每个团队完成的任务也基本一致，在这些同类同构的活动中，团队成员之间的合作显得更加重要。

2. 个性化集体的积极培育

我的创作我做主。少科院的探究项目还能不断激发学生个性化的创造力。通过项目学习，学生掌握了基本的技巧，接着他们大量观摩优秀作业，然后按照先绘制草图、再建模的顺序进行老师布置的规定训练。在此基础上学生展开个性化创作，创作属于自己的作品。比如，在"3D打印设计"

课程中学生会根据制作眼镜这个主题进行发散创作，设计出个性化的眼镜。在创作过程中，学生可以大胆的想象，根据自己对眼镜的理解创造属于自己的个性化眼镜。

3D打印社团创作的个性化眼镜

3.丰富型集体的踊跃创立

求是少科院基于STEAM理念构建学校社团，遵循儿童的成长规律，让每一个学生经历更加有意义的学习过程，让学生经历从"单一知识"转化为"能力提升"的实践过程，为学生健康快乐成长搭建了一座座"桥梁"。学生的展示平台更大、更多，学生更加自信。

三、学校多样化成长

1. 学校竞争力不断提升

目前求是少科院成立了科学探究部、技术研发部、工程项目部、艺术体验部、数学实验部，其中很多项目都和浙江大学合作，得到了浙江大学的支持，我们还邀请浙江大学的老师来对孩子进行指导。重过程、重体验、重建构，学校通过这样的项目式学习，培养求是学子的探究创新精神。

在各部门的探索中，老师们编撰了相关教材，申报了各式各样的课程并自主开发了十多门精品课程，也取得了不少成绩。

杭州文化广播电视集团的访谈类节目《校长来了》曾深度探访求是少科院，通过镜头向大家展示了工程项目部的科创社的精彩课程，全方位介绍了少科院以及科创社的平台建设。少科院科创社的建设成果受到广大家长和同仁的充分肯定。

2. 学校科研力普遍提高

截至目前，求是少科院建设已初步完成，学校围绕少科院架构了"小工程师""智慧厨房""数字实验室""机器人""少儿编程"等十多门少科院课程。学校在此基础上还开设了科技体验馆和博物馆。前期的研究成果获得了杭州市优秀教育成果评比二等奖。2019年，课题在省里立项。同时，少科院有十多个子课题在市、区获奖。

3. 学校软实力持续增强

2019年4月，杭州市教育局领导和嘉宾一起为求是少年创新科学院揭牌，这标志着求是少科院进入了新的发展阶段。

学校的教育理念和学校的育人目标是，让孩子成长为既有国际视野又有民族情怀的"有自信·爱探究·乐健体·善交流"的阳光学子，把学校办成国际化学校。我们要培养更有独立性、创造性，更具有国际视野的阳光学子。求是教育集团正朝着推进教育国际化、现代化的方向奋进，这也符合社会对教育的期望。集团被评为全国德育实验学校、国家级绿色学校、全国"创建适合学生发展的学校"实验学校、浙江省首届文明校园、浙江省首批省级示范教师发展学校、浙江省美丽校园、浙江省教育科研先进集体、浙江省体育艺术特色学校、浙江省"千校结好"特色学校、杭州市实验学校、杭州市教育国际化示范学校、杭州市国际理解教育特色项目学校、杭州市首批"美丽学校"等。从求是走出去的孩子阳光、自信！这些都是集团内涵发展的结果。而在培养学生"爱探究"的素养和创造现代化学校方面，少科院发挥了至关重要的作用。

第三节　提升教师设计水平与研究能力

　　求是少科院的建设，不仅直接有益于学生的成长，也有益于学校教师的发展，提高了教师课堂设计能力与研究水平。并且，在这个过程中，教师的课堂实践方式不断更新，教师对课堂的把控能力不断提升，课堂实践手段不断创新，课堂效率落到实处，课堂教学扎实有序。

一、教师课堂实践方式的更新

1. 课堂落到实处

　　求是少科院平台的跨学科项目式学习开发以培养学生核心素养为出发点，以校情、学情为依据，充分尊重学生的自主权，满足学生的兴趣和需求，以学生为本。在日常课堂中，教师将讲堂变为学堂，通过多种方式，让学生不断地融入课堂，在课堂中碰撞出思维的火花，在交流互动中自主创设、探究，从而构建他们自己的意义世界。

　　课堂教学不仅仅是对于课本内容、课程目标的简单落实，而是在这个过程中，不断地改变。在课前的学习单、课中的探究单、课后的反思单的施用过程中，教师将课堂内容落实到细节处，多元化呈现学生的学习。项目式学习，不仅仅要求学生有着对课程整体的认识，更要求学生在学习过程中，自主探究、合作交流，改变自身的学习方式，真正、完全落实课堂的知识内容。

2. 教学扎实有序

求是少科院通过创设真实生活情境、深度融合学科知识、分享小组合作成果等策略，创建新形式的课堂，实现了教与学之间关系的转化。教师教学扎实有序，认真落实"教学五认真"，并且积极推进日常教学与拓展性课程教学相结合。在这个过程中，教师教学有方法、有指导，学生学习内容有挑战，学生能获得有效学习。在备课过程中，教师能有效地根据课本内容进行梳理和重组，对于知识点合理化地进行整合与改变。这样在上课时，教学过程会更为有序。并且在面对学生的质疑与提问时，教师能作出预判与改变。真实的情境让学生产生熟悉感，在这种感受的引导下，学生对于学科知识的认识不断加深，小组合作不断深入，学生从生硬的被动学转化为充满兴趣的主动学。教学开展更为有效，知识点落地更加切合实际。

3. 手段优化创新

求是少科院拓展课程基于学校传统和校本特色，充分利用浙江大学资源，系统架构儿童科研体系，在尊重儿童个性发展的基础上，突出创设符合儿童兴趣爱好、适合儿童操作的课程，并针对不同学生进行分层、选班教学，非常符合"二轮课改"的精神，即赋予学生课程的选择权、赋予教师课程的开发权、赋予学校课程的设置权。通过求是少科院拓展课程的开发、实施，及其评价机制的研究，以点带面地推动学校拓展性课程的整体研究，对完善学校拓展性课程建设有着深远的意义。教师的教学手段从简单的PPT授课，逐渐演变为利用同屏、白板、iPad等多种设备教学，教学手段不断优化、不断创新。教学方式的改变，有利于精准教学的实现，在这个过程中，学生的能力也不断提高。

二、教研师资力量增强

1. 教学水平的提高

教师在课程开发的过程中，逐渐提升自身学科教学水平。教师在课程实践的过程中，逐渐树立了开放多元的课程观。教师参与求是少科院拓展课程的构建和实施，是对传统教育思想的一种渐进式颠覆。近年来，教师积极开发基于学校实际的课程资源，通过参与课程开发，更加了解课程体系，便于指导、引领、管理学生，从而促进学生的学习。教师通过参与课程开发，拓宽了知识面，同时，以STEAM教学为借鉴，树立大课程观，注重各类课程的综合实施。

经过少科院的建立与项目式学习的实施，教师个人能力有了大幅提升，在教学中遇到问题时，不再仅从单一学科出发去解决，而是能站到课程改革的高度、课程结构的广度，产生新的认识。在这个过程中，教师提高了自己驾驭课程的能力与水平，对于课程的理解能力也有了提升，对于课程的解读、创新等各方面能力都有了进步，能够从大课程观出发，对于学科有更综合的认识。教师在教学过程中，在课程的开发、设计过程中，都能做到以学生为本，更多地加入学生的感受与想法，使教学处于最佳状态。

2. 个人能力的提升

在教学过程中，教师通过对自己教学行为的反思，总结经验教训、研究教学过程，从而发现适合自己的教学方式和教学风格，最终提高自身能力。

在多年的研究中，教师积极开发课程资源，指导学生先后开展了"东山弄农贸市场的环境卫生调查""小眼看杭城交通""社区内太阳能热水器引发的调查""无车日情况调查研究"等多项科学实践活动，均获得了良好的效果。随着社会的不断发展，热点问题也会不断产生、更新，教师会依据原则，继续开发课程资源，促使这一部分形成一个目标整体、内容系统的课程活动体系。

3. 科研水平的进步

课程的开发本就是教师参与科研的过程，要求教师作为一个研究者，对课程内容不断反思、不断实践、不断修正。求是少科院拓展性课程的开发实施，在促进教师专业发展方面也有积极的作用。一则教育教学随笔、一个案例研究实录、一堂教学设计、一番师生对话……都是极富研究价值的资料，最朴素的成果中体现出教师最真实的成长轨迹。

丰富的成果资料是教师科研能力的体现，教师在课堂情境的开发实践中，能不断反思、不断提高课堂质量。基于此，老师以自己的教学活动和课堂情境作为研究对象，对教学行为和教学方式以及最后的教学成果进行研究，对于过程化的资料进行有意识的分析、总结与梳理，最终形成研究成果，学校整体科研水平不断提升。

三、学校课程开发创新

1. 课程方向更明确

求是少科院主要从以下几个方面实施课程：注重培养学生善于发现和提出问题的能力；激发学生解决问题的兴趣和热情，鼓励学生依据特定问题和情境，研究制定解决方案，培养创客意识；引导学生将创新理念生活化、实践化。教师在参与求是少科院的建设中，不断提升课程意识，形成与时俱进的课程建设意识。学校也为教师提供平台，让教师在多样化的课程开发交流活动中，不断地提升课程开发能力。

2. 课程内容更多元

求是少科院在课程内容上，注重从整体出发，整体设计、整体推进，促进学生整体发展；在课程形式上，注重学生的自主活动、自主参与、自主探索、自主展示和自主发展。少科院不仅仅专注于课程本身，还努力做到三结合：自主建设与外部支持相结合、整体引领与重点扶植相结合、分段分域推进与自主选择相结合。在课程建设中，既要发挥好教育局政策引导、宏观调控、监督落实的作用，又要发挥好学校在特色建设中的积极性、主动性。

课程内容不仅仅局限于课内，还要立足课内进行外部资源的拓展。求是少科院从学生出发，搜集课程材料，同时鼓励学生主动搜集材料，这拓宽了组内成员的知识广度，丰富了课程内容。而且在这个过程中，学校也不断引入新资源，比如生活资源、环境资源、社会资源等，将课程内容不断地深化。此外，教师所站角度的不断改变，也让课程内容更加多元。

3. 课程推进更有效

求是少科院拓展性课程建设的目标和标准遵循校本化的原则，以自身的发展起点和目标为依据，促进学校的自我超越。学校的特色建设将与学校"十四五"发展规划的实施、评价有机结合。在课程建设中，教师更强调能力本位，实现有效学习；强化主体学习，提倡个性自由；开展多元评价，促进优势发展。学校的课程推进落到实处，不仅在课程内容上、课程体系上有了改变，在课堂方式上、课程呈现上也有了明显的变化。教师不再是授课的权威，而是将课堂的时间交给学生，让学生成为学习的主人，鼓励其畅所欲言，形成了一种和谐融洽的师生关系。在课程推进过程中，遵循"以过程促结果，重结果更重过程"的指导思想，加强对学校发展过程中相关因素的关注和持续跟进。在这个推进过程中，学生对于课程的认可度越来越高，少科院的研究、发展也逐渐步入正轨。

第四节 推进学校文化建设和品牌打造

随着求是少科院平台的建设，学校文化建设也在不断推进，"求是"品牌不断得到推广。在这个过程中，学校多次被媒体报道，不断发出求是强音，不断传播"求是"的品牌，不断发展校园文化。

一、校园品牌传播途径更加宽广

学校品牌的传播途径变得更加宽广。作为求是教育集团的官方公众号，"求是印象"一直是少科院宣传展示的主阵地。在少科院的建设过程中，通过前期的不断积累，校园品牌传播更深、更广、更多元。

1. 多种方式发出求是强音

在求是少科院的建设过程中，学校不仅通过传统方式进行宣传，更是通过多种多样的新方式发出求是强音。建设求是少科院的目的是通过多元的课程平台，为学生提供更多的选择，进一步培养学生"爱探究"的品质。求是学子在不断探索的过程中，也通过自己的方式发出了求是强音。通过寻访少科院名誉院长、少科院导师，与少科院导师共种一棵"科学树"等活动，求是少先队员们通过自己的方式，宣传求是强音。在少科院的建设过程中，求是教师也通过多种方式发出求是强音，他们积极参与少科院的课程建设，参与少科院的课题研究，转发少科院的相关报道，种种

方式都将来自求是的声音传得更远、更深、更广。学校通过一系列讲座、讲解、接待参观团等活动，让更多的人知道求是少科院。从求是少科院的成立，再到求是少科院之江分院的成立，无疑都有助于求是强音的传播。集团也通过"求是印象"公众号，定期发布有关少科院的信息，并且通过以点带面的辐射方式，将求是强音传播得更远。

2. 多样平台宣传"求是"品牌

集团最早通过校园网发布求是少科院的相关信息，图文结合的校园网信息在后续不断得以改进。在自媒体盛行的时代，集团拥有了官方公众号——"求是印象"。2021年"求是印象"有了求是少科院专属板块，开通了专属话题。在这个板块中，能快速搜到有关少科院的相关信息。从专属板块的开设，可以看出求是少科院在集团中的地位举足轻重。为进一步发出求是强音，集团逐步开通了属于自己的视频号，视频号可以更加直接地展现求是少科院的成果。从一开始图文结合的校园网信息到便于快速阅读的"求是印象"公众号推文，再到内容丰富充实的视频号短视频；从文字到图片，再到视频，从单一的形式到多元的呈现方式，这些都体现了求是强音的不断升级。

3. 多元要素展示求是文化

求是少科院可以让求是学子接触到许多先进设备，在少科院中，学生可以学到许多在课本中无法学到的知识，可以在老师的带领下开展丰富多彩的趣味活动，少科院是求是学子快乐学习的乐园。求是少科院是培育"有自信·爱探究·乐健体·善交流"的阳光学子的基地，在少科院中可以看到联动了少先队的多种活动，如下厨房、做木工、种植物、爱鸟护鸟等，这些活动整合了地域文化，为求是学子创造了更多动手机会和创新机会，将求是学子的情感生活、道德生活、社会生活等需要有机整合到一起，发挥育人作用。在求是少科院的建设过程中，求是文化从多角度得到展现。从文字的描述中，可以了解少科院的成果；从图片的描绘中，可以直观感受少科院的魅力；从视频的展示中，更加能体会到少科院的精彩；从队员的活动中，可以感受少科院带给孩子们的触动；从导师的讲解中，可以体悟到科学探究的精神。在多元要素的衬托下，求是少科院凸显出求是文化，发出求是强音。

二、校园传统文化底蕴更加深厚

求是少科院基于学校传统节日，进一步培养学生"乐探究"的精神。当少科院的活动与传统节日互相融合时，求是学子不断锻炼能力、增长见识、学会合作、体验愉悦。

1. 基于传统节日，融合文化教育

求是学子在集团的5大传统节日中不断收获快乐、体验成长。艺术节、科技节、贸易节、体育节、读书节这5大传统节日，是集团在长期的办学实践中形成的求是学生活动的主阵地，是求是精神的重要实践，也是培育求是阳光学子的重要方式。求是少科院的建设基于学校的传统节日，立足于校园活动，将少科院的精神更广泛地融入学生的活动之中。5大传统节日通过求是学子届届相传，其喜闻乐见的形式、丰富多彩的活动令求是学子向往不已，从而培育求是学子"乐探究"的核心素养，突出求是阳光学子的个性发展。

2. 融入传统节日，激发文化底蕴

求是少科院在建设过程中，将课程规划融入传统节日中，通过重新架构、梳理、分层、整合，将活动内容进行了重新设计。少科院在5大传统节日中，激发求是学子的实践力、创造力、合作力和意志力。在科技节中，

"小小探月器·助力航天梦""推进垃圾分类·共建绿色家园""护水齐参与·治水聚人心"等主题活动的开展，引领求是学子走进科学、热爱科学，培养和提高求是学子的科学素养、创新精神和实践能力。在贸易节中，求是学子在群体协同中相互帮助、相互启发，不断合作、快乐贸易，深刻感悟合作力是团队精神的核心推动力和黏合剂、是适应未来生活的重要能力。在体育节中，求是学子始终以乐观的心态、持之以恒的意志力和不断自我超越的勇气，突破自己，不断进步。

3. 巩固传统节日，传播文化底蕴

求是少科院在架构时，结合传统节日，统整学科课程，立足求是文化，不断进行创新设计，从而进行课堂实践，确立学生的主体地位，培养他们的主体意识与主体能力。求是少科院通过"星空探旅""自然笔记""智慧农场""趣玩实验""导师课程"等多元的拓展性课程，激发求是学子的学习兴趣，使他们在各学科的学习中坚持拓展和深入，使求是精神发扬光大，让求是精神传播得更广。求是学子在实践过程中，通过自主探究、自主解决、自主开展、自主深入学习等方式，将求是文化不断传播、不断发展。

三、校园文化精品活动不断创新

1. 深入思考校园文化活动

求是学子作为校园的一分子，他们不断深入思考校园文化建设。比如，求是少代会的举行，为求是学子作为学校的小主人，参与学校民主管理提供了一个平台。经历了少科院的各项活动，求是学子更擅长参与到这些活动中去。求是学子作为学校的小主人，在少科院中不断提出自己的"红领巾小提案"，提案涉及校园环境建设、少科院建设、课程与活动建设等方方面面。从中可以看出，为了校园的建设与发展，求是学子们切实思考、深入探究，纷纷贡献自己的力量。

2. 努力创建校园文化课程

课程建设离不开环境的建设，只有让孩子们浸润在一定环境中，才能让他们将外在的行为和内在的品质都融入课程体验中。围绕少科院课程的开发，学校将校园打造成一个全真的"课程体验场"。通过生态池和校园屋顶生态长廊的研究、设计和维护，让校园成为课程开展的生态体验场，从而助力课程的开发、建设和实施，形成求是独特的精品校园文化。

校园屋顶生态长廊

3. 不断发掘校园文化要素

在求是少科院的建设中，除了校园软文化建设，学校也在不断提升硬件建设。学校一直倡导学生在专业的教室里享受专业的教育。因此，各专业教室的设计与课程建设同步开展，到目前为止，学校先后建设了3大课程群落所属的专业教室共计16间，主要集中于少科院楼内。其中最为突出的就是整合科学、数学、信息、艺术学科的"未来教室"。

少科院"未来教室"

学校还不断融合周边的环境资源。环境具有独特的育人功能，校外文化要素的发掘也是少科院发展的重要目标。"铠甲卫士"中国湿地博物馆螃蟹馆的建立，是集团与中国西溪湿地博物馆的馆校共建项目。这是学校为孩子搭建的新的学习平台，学校鼓励求是学子多尝试、多反思、多创新，真正体验探究的快乐。

"铠甲卫士"中国湿地博物馆螃蟹馆

第五节 深度推进对跨学科项目式学习的思考

随着科技的进步，全球化、信息化的发展，新时代背景下对学生的综合素养提出了更高、更新的要求。学生面临着概念性知识的深度学习、批判性思维的培养与运用等多种挑战。未来的学生，不仅要学习知识，更重要的是要培养学习的能力以及应对挑战和变化的能力。如何锻炼学生融会贯通、思考探究和解决问题的能力，如何有效培养学生的核心素养，帮助学生更好地应对未来的挑战，是摆在当前学校教育和教师面前的难题与挑战。项目式学习，便在这一背景下应运而生，被视为是提升学生核心素养、培养未来竞争能力的有效学习方式。项目式学习的目的是通过为学生提供更多的灵活度和综合性，让孩子们更好地参与探究，从而提升学习能力。基于求是少科院的跨学科项目式学习是学校基于新平台的一次尝试，目前取得了很多可喜的成绩，但还有许多方面需要进一步的探索和改进。继续深入推进跨学科项目式学习，我们还需不断地努力。

一、进一步厘清跨学科项目式学习的价值

项目式学习致力于提高学生探究问题的能力，而在单一的学科背景下，学生很难得到在复杂情境中解决问题的体验。因此，为学生创造一个能自觉运用多门学科知识解决实际问题的情境，是支撑项目式学习生成与更新的关键。近些年，许多教师和学校也在尝试进行项目式学习，但由于对项目式学习的概念与基本要素的了解不够，很容易陷入"为项目而项目"的旋涡中，无法达到提高学生学习成绩、培养学生核心素养的目的。因此要深入推进跨学科项目式学习，学校必须要进一步厘清其内涵和价值。

（一）跨学科是面向未来的学习

学科间的割裂会使学生感知到知识的分离。跨学科学习能实现单一学科学习所不能达到的目的，能帮助学习者掌握单一学科素养之外的综合素养，如运用跨学科知识解决复杂问题、进行跨学科交流、开展跨学科协作以及整合创新等。我们通过跨学科构建与真实世界联系密切的课程体系，以学生生活中的经验或问题为核心制定探索方案，引导学生完成学习。学校通过跨学科的学习方式和项目式学习的课程组织方式，在融合科学、技术、工程、艺术和数学的基础上，跨越学科界限，综合运用语文、信息技

术等各个学科的知识，提高项目的艺术、人文素养，最终形成较灵活的课时安排，为学生提供指向真实生活的主题教学，培育能够解决生活中真实问题的、面向未来的学习者。

（二）项目式学习是跨学科学习的必要途径

跨学科项目式学习，是融跨学科意识、综合性与探究性为一体的深度学习方式。在跨学科学习中往往会伴随项目式学习，跨学科学习与项目式学习是两个不同的概念，跨学科是指课程内容的融合，项目式是教学组织的形式。跨学科项目式学习是在原有课程基础上适当拓展，配合项目式学习，形成一种全新的、整合不同学科知识的教学模式。我们发现，要实现跨学科的学习，项目式是最有效、最容易实现学科整合的组织形式。

（三）跨学科项目式学习促进能力发展

学生在推进项目式学习的过程中，综合运用跨学科的知识和能力，设计、制作、改进、反思，不断发展探究能力和跨学科学习能力。教师基于实际问题或项目设计问题，实现课程与学生生活经验之间最大限度的匹配。在此基础上，学校借助具有内在逻辑的问题，联系各学科的知识，设计一套全面、衔接、融会贯通的课程，借助该课程引导学生积极主动地探究，建构属于自己的、完整的知识结构。在这个过程中，教师综合运用知识进行教学的能力会得到提升，专业水平也会伴随着研究而持续提高。

二、让探究式学习成为主要的学习方式

探究式学习是一种以学生为中心的学习方式，学生通过探索、发现、反思来构建知识体系和理解方式。探究式学习可以保护学生的求知欲，激发学生的好奇心，促进学生不断寻找、探究，让学生有更强的驱动力和学

习动力。要让学生更乐于探究、善于探究，还应从问题情境、问题设计、过程实施等方面进行进一步的探索。

（一）创设基于真实的问题情境

项目式学习的特点之一是打破了传统课堂中知识本位的学习，项目式学习源于真实问题，创设情境，激发学生学习兴趣，引发其深入思考，引导其主动研究解决问题，发展学生的各方面能力。学习的真实性可以从两个方面进行解读：从学习内容上讲，学生需要选择真实有效的问题进行研究，这些问题不是虚构的，往往是当前社会热点问题，或者与学生的生活密切相关的问题；从学习过程上讲，项目式学习的过程是以解决真实问题为目的而开展的，通过小组协作、沟通交流，发表多样化的观点和建议，作出民主智慧决策，得出结论，并高效解决问题。判断该项目问题是否为真实问题有3个条件：第一，问题要源于社会生活，作品要能适应社会需要；第二，项目问题要有意义；第三，这个项目最终完成的作品可供学习或者可直接使用。

（二）让探究成为学习的过程和目标

学生在成长过程中需要习得诸多知识和技能，这种学习不是简单的叠加。学生在每一次学习新知识时，都要与过去的学习建立链接，在头脑中建构新知识体系。传统的课堂学习是单向的授受式学习，教师讲、学生听，很多学生并非主动参与学习。并且传统课堂侧重教师的讲授效果与学生的考试结果，而疏于对学生学习过程的重视与关注。项目式学习则恰好相反，它关注学生学习的过程，重视学生的情感体验以及结果评价和反思，以激发学习兴趣和动机的问题为开端，让学生自己规划项目、管理项目、解决问题、形成作品。在这一系列连贯的过程中，学生会遇到各种困难和挫折，这些困难是学生在做项目的过程中不可预测的，然而项目或学习的目的就是要让学生解决遇到的难题，最终完美地呈现出项目作品。这一过程体现了学生学习的生成性，其间会有不确定、不可预料的问题出现，这也能锻炼学生不断想出新的办法去解决问题。

（三）在强化合作学习中发展探究能力

项目式学习常常以小组合作的方式进行，这有益于学生建立积极的人际关系。教师会根据不同学生的特长、兴趣等对学生的学习提出建议，学生结合教师的建议与其他同学组成小组，开展探究协作项目学习。项目过程中，教师、学生合作，开展头脑风暴，发表个人观点和意见，在此过程中，教师要倾听每位学生的心声，记录每位学生的发言，为每位学生搭建展示自我的平台，提升学生的言语表达、协作沟通、创新批判等能力。项目式学习的结束通常要求学生完成某个作品，这个作品应根据项目研究的主题，允许以多种形式展现，可以是小组的实物作品展示，也可以是讲解演示或者口头演讲。项目按时间、任务难易度等区分大小，但无论是大项目还是小项目，学生都需经历选择项目研究主题、设计研究方案、讨论实施、成果展示、评价反思这几个阶段。整个过程有助于锻炼学生的阅读、写作、口语表达、沟通协作等基本技能，培养学生的毅力、专注力，以及创新、批判、决策和解决问题等思维能力。

三、进一步完善跨学科项目式学习课程

跨学科项目式学习强调课程与真实世界的联系，为学生提供生动的学习体验。教师通过项目探究的方式，启迪学生进行知识的自主建构。在跨学科项目式学习逐渐渗透到日常课堂的过程中，学校通过课程管理、学生主动开发、教师间合作等一系列举措建构并完善跨学科项目式学习的课程体系，使之成为学生核心素养发展的动力。

（一）进一步完善课程管理与开发

为顺应时代的发展，跨学科项目式学习应运而生，它为学习者提供了培养21世纪技能和核心素养的实践机会。为有效推进跨学科项目式学习，学校需要根据时代的发展与时俱进地在课程设置上进行优化，并结合学校、地域实际情况开发操作性强、可实施、有特色的项目化课程，为转变教育观念提供充分的实践阵地；学校需要从师资选择上给予专门的考虑，为实践的顺利开展提供人力上的支持。在此基础上，跨学科项目式学习能够更好地打破基础课程设置中单一学科边界的壁垒，拓展学校课程设置的边界，保证教师的积极性，提升家长的认可度。跨学科项目式学习课程能够引导学生建立自己与他人的真实联系，也能够引导学生建立已有经验与新经验间的联系。

（二）进一步发挥学生的自主性

在教师引导、规范与鼓励下，跨学科项目式学习可以保护好学生的求知欲，持续地激发学生的自主性和创造力，唤醒其内在的学习动机，引导其在跨学科项目式学习中，积极主动地展开探究活动，解决问题。学校在学生参与项目学习的过程中，培养学生的主人翁意识，尊重学生的自主性，这样才能够保证项目式学习的有序开展。

（三）进一步优化课堂教学设计方式

《中小学综合实践活动课程指导纲要》指出，基于项目的跨学科学习是综合实践活动课程全面实施的一种新形态。跨学科项目式学习不是将各学科知识进行简单的拼凑，而是依据"项目—理论—实施"的教学逻辑，打通各学科的单一知识概念脉络，将原有的学科知识体系转化为项目探究体系，经由此过程，学生实现了知识迁移。跨学科项目式学习可以形成"入项——理解挑战，定义任务；建构——理解核心知识，形成核心技能；制作——确定主题，形成方案；优化——反思创意，完善作品；结项——公开成果，总结经验"的教学流程，最后，还要组织学生反思活动过程中各类实践和目标的达成情况，分享在类似情境中迁移的实例。

综上所述，跨学科项目式学习作为一种新兴的教学方式，符合时代的需要，符合人才发展的需要，但也是对当代学校教育的巨大考验。在新、旧两种教学方式的探索与融合中，需要学校提供更多的环境支持，为学生提供更自主的空间；更需要各学科教师之间的密切合作，最终促进学生通过解决问题来收获知识、建构自身的能力体系，以适应未来不断变化的形势。

后 记

科学是全人类的伟大而崇高的事业，科学技术推动社会的全面进步。习近平总书记指出，"当科学家是无数中国孩子的梦想，我们要让科技工作成为富有吸引力的工作、成为孩子们尊崇向往的职业"①，"对科学兴趣的引导和培养要从娃娃抓起"②，这是对青少年的殷切期望，也为开展青少年科技教育、夯实科技强国人才基础指明了方向。

作为全国首个公办基础教育集团，求是教育集团始终走在改革发展前列，在探索青少年科技创新教育上迈出了坚实步伐。成立求是少年创新科学院正是其中的标志性成果之一，少科院致力于围绕"爱探究"的育人目标，以科学教育和体验活动为途径，依托校内外教育阵地，对学生进行科学知识与技能、科学精神与态度、科学方法与能力、科学行为与习惯的全面培养，让孩子们自信地站立于科技教育的正中央。从2015年起开始酝酿谋划，2017年建成求是少科院大楼，2019年"求是少年创新科学院"正式揭牌，到如今高质量快速发展，求是少科院已成为求是教育集团的一张育人"金名片"，也日渐成为一方能让孩子们仰望星空的希望与梦想之地。

作为一名曾经的家长和学校家委会会长，我有幸参与和见证了求是少科院建设发展的全过程。学校领导一直高度重视少科院的建设，无论是郑仁东校长，还是江萍校长，他们带领老师想了很多办法，克服了很多困难，全力以赴地规划、设计少科院的运行机制、空间布局、课程设计、教学模式等，努力将其打造成孩子们追求科学真理、动手实践的殿堂。学校还聘请了德高望重的中国科学院院士、浙江大学教授唐孝威担任名誉院长，唐院士学养深厚、崇文重教、怀质抱真，对指导和推动求是少科院高起点建设、高质量发展倾注了大量心血，发挥着重要作用。学校还积极发挥浙江大学高水平学者的智力资源，创建了求是少科院导师团。一批来自浙江大学数学、物理、能源、光电、航空航天、医学以

---

① 习近平：《在中国科学院第十九次院士大会、中国工程院第十四次院士大会上的讲话》，人民出版社2018年版，第25页。
② 习近平：《在科学家座谈会上的讲话》，人民出版社2020年版，第13页。

及社会科学领域的青年科学家、专家学者走进课堂，为孩子们打开科学世界的大门，成为其感知科技力量的源泉和树立科学理想的示范。我也有幸成为第一批导师团的成员，和孩子们一起参与传统项目——科技节，在少科院旁听富有趣味的科学课，并与多位小小"发明家"结成了忘年交，这样的体验弥足珍贵、美好幸福。

国家的强盛始于小学讲台，根本在于有理想、有情怀、有能力、有水平的教育工作者。近年来，以江萍校长为代表的求是教育集团的教师，对教育具有长远眼光，满腔热忱地呵护孩子们的好奇心和想象力，以爱心育人、耐心耕耘、匠心筑梦，让科技创新教育的理想真正照进现实。他们是众多求是学子的科学家精神的塑造者和托举者，是让家长朋友和孩子们无比感佩的幕后英雄。立足求是少科院跨学科项目式学习建设的扎实探索，育人团队对其价值追求、平台建设、组织管理、内容设计、实施范式、评价系统、建设成效等进行的经验总结和理论研究，恰逢其时。本书的出版，相信会进一步增强求是少科院的影响力，拓展青少年科研体系架构的外沿，并引发更多关于青少年科技教育、科技创新型人才的早期发现和培养等领域的深度探讨。

"盖有非常之功，必待非常之人"，中国人民要生活好，必须有强大科技。然而，培养国家科技发展素质过硬的"后备军"，非一朝一夕之功，期待在学校教育、家庭教育、社会教育的共同努力下，求是少科院能够不拘一格造就更多青少年科技英才，早日成为全省领先、国内一流的科技教育特色基地，为加快建设世界主要科学中心和创新高地贡献力量，为实现中华民族伟大复兴的中国梦而努力奋斗！

——求是少年创新科学院导师　沈黎勇

沈黎勇

浙江大学发展联络办公室主任兼发展委员会办公室主任，浙江大学校友总会秘书长、教育基金会秘书长。共青团第十八届中央委员会委员、政协第十二届浙江省委员会委员。